종교의 본질

세창클래식 021

종교의 본질

초판 1쇄 발행 2026년 2월 10일

—

지은이 루트비히 포이어바흐

옮긴이 이서규

펴낸이 이병은

책임편집 조성규   **책임디자인** 박혜옥

기획 김명희·박준성   **마케팅** 최성수·배근호

—

펴낸곳 세창출판사

신고번호 제1990-000013호   **주소** 03736 서울특별시 서대문구 경기대로 58 경기빌딩 602호

전화 02-723-8660   **팩스** 02-720-4579   **이메일** edit@sechangpub.co.kr

홈페이지 http://www.sechangpub.co.kr   **블로그** blog.naver.com/scpc1992

페이스북 fb.me/Sechangofficial   **인스타그램** @sechang_official

—

ISBN 979-11-6684-474-4   93160

종교의 본질

루트비히 포이어바흐 지음
이서규 옮김

세창출판사

인간은 살아가면서 어떤 형태로든 견뎌 내기 힘든 삶의 고통과 모순에 직면하게 된다. 그렇기 때문에 한 번쯤 신의 존재를 생각하고 종교에 관심을 가져 본다. 포이어바흐Ludwig Feuerbach(1804-1872)에 따르면 인간은 부조리한 삶의 한가운데에서 끊임없이 경험하는 자신의 유한성을 극복하기 위해 현실로부터 도피하여 초월적인 존재에로 향한다. 포이어바흐는 모든 인간존재가 본래 이기주의를 존재특성으로 한다는 점을 강조하는데, 인간은 이러한 이기주의에 근거한 자기보존의 충동 속에서 자신의 유한성을 극복하려고 한다. 그에 따르면 이러한 과정 속에서 인간은 초월적인 존재, 즉 신의 존재를 상정하고 종교를 만들어 내게 된다. 이런 점에서 종교는 유한한 존재인 인간이 숙명적으로 경험해야만 하는 근원적인 현상이라고 할 수 있을 것이다. 하지만 포이어바흐는 이러한 종교가 오히려 인간존재를 소외시키고 나아가 현실세계를 왜곡시킬 수 있다는 점을 지적하며, 전통에서 나타난 종교의 본질과 역할에 대해 비판적인 논의들을 전개한다.

포이어바흐에 따르면 종교의 본질에 대한 논의는 인간의 본질에 대한 올바른 이해에서 시작되어야 한다. 인간의 본질에 대한 물음은 철학의 역사를 관통하는 근본물음이다. 철학의 진정한 과제는 바로 인간이란 무엇인가라는 물음에 올바르게 답변하는 것이기 때문이다. 그러나 포이어바흐는 전통철학이 제시한 인간의 본질에 대한 해석을 단호하게 비판한다. 특히 그는 헤겔철학에 대한 비판을 시작으로 모든 형태의 공허한 사변철학을 거부하면서 새로운 미래의 철학을 전개하는데, 이를 통해 전통철학과 종교가 제시한 인간과 세계에 대한 왜곡된 해석들을 해체한다. 포이어바흐는 이성의 역할에 대한 맹목적인 신뢰를 강조하는 헤겔의 관념론철학을 거부하면서 인간의 감성Sinnlichkeit에서 출발하는 새로운 미래의 철학, 즉 감성적 인간학을 정초한다.

포이어바흐는 유한한 인간이 자신 앞에 펼쳐진 세계에 대해서 갖는 경험인 감성을 바탕으로 인간의 유한성, 신체성을 강조하면서 인간과 세계의 해석들을 제시한다. 이러한 입장은 그가 익명으로 출판한『죽음과 불멸성에 대한 사유*Gedanken über Tod und Unsterblichkeit*』(1830) 그리고『기독교의 본질*Das Wesen des Christentums*』(1841),『미래철학의 원칙*Grundsätze der Philosophie der Zukunft*』(1842),『종교의 본질에 대하여*Vorlesungen über das Wesen der Religion*』(1851) 등에서 잘 드러난다. 이들 저서에서 포이어바흐는 구체적인 현실세계에서 이루어지는 인간의 현사실적인 삶에 주목하면서 인간과 자연에 대한 사변적 해석의 해체를 통해 전통철학과 종교의 왜곡된 인간이해를 밝혀낸다. 특히 인간의 신체성을 바탕으로 전통철학과 종교가 설정한 인간과 자연의 배타적 관계를 단호하게 비판한다.

『기독교의 본질』과『종교의 본질에 대하여』에서 포이어바흐는 종교의 출발점과 내용 그리고 목적에 대한 논의를 통해 인간의 본질이 무엇인지를 분명하게 제시해 주고 있다. 그리고 종교의 본질에 대한 논의를 통해 궁극적으로 인간의 본질이 무엇인지를 밝혀내고 있다. 종교는 인간의 유한성을 인정하는 것에서 시작되어야 하며, 또한 궁극적으로 인간이 이러한 유한성 속에서 삶의 의미와 가치를 찾아야 한다는 점을 일깨워 주어야 한다. 따라서 종교는 더 이상 인간의 삶을 초월적인 세계나 내세에로 확장해서는 안 되고, 지금 여기의 현실세계에서 삶의 의미를 찾아야 한다는 점을 제시해야 한다. 여기에서 포이어바흐는 "인간은 인간에게 신이다(homo homini deus)"라고 말하면서, 신은 단지 유한한 인간의 소망이 대상화된 것이라는 점을 강조한다. 이런 점에서 종교의 진정한 역할은 다른 것이 아니라 이러한 유한한 인간의 삶을 그대로 받아들이는 것이며, 결코 종교의 허구적인 이데올로기를 통해 인간을 소외시키거나 자기기만의 상태로 이끄는 것이 아니다. 하지만 포이어바흐는 전통종교가 인간의 이러한 실존적 존재상황을 왜곡하여 허구적인 도그마들을 만들어 내고, 이를 통해 인간이 소외를 겪게 만든다고 비판한다.

포이어바흐가 1845년에 쓴『종교의 본질』은 그의 고유한 철학적 사유를 바탕으로 종교의 본질에 대한 논의와 비판을 잘 드러내 주고 있다. 특히 이 저서는『기독교의 본질』과『종교의 본질에 대하여』에서 언급된 방대한 내용들을 요약적이며 논증적으로 제시한다는 점에서 우리로 하여금 그의 종교개념을 잘 이해할 수 있게 해 준다. 포이어바흐는 이 저서에서 다양한 종교적 전통을 예시로 들면서 전통적인 종교이해 속에서 제시된 인간에 대한 규정들과 세계해석을 비판적인 논증들을 통해 다루고, 이를 통해 자신의 독창적인 종교이해를 설득력 있게 제시하고 있다. 무엇보다도 포이어바흐는 인간이 전적으로 유한한 감성적인 존재이며, 이

성의 추상작용과 인간의 상상력이 왜곡된 종교적 도그마들을 만들어 낸
다는 점을 지적하면서, 이를 바탕으로 전통형이상학과 종교에 의해 왜곡
된 인간과 자연의 본래적 관계를 회복시키고자 한다. 이러한 포이어바흐
의 시도는 궁극적으로 허구적인 종교의 도그마를 위해 인간의 삶을 희생
시키는 것이 아니라 인간에 의한, 인간을 위한 종교의 역할이 과연 무언
인지를 비판적으로 제시하는 데에 그 방점을 두고 있다. 『종교의 본질』
은 인간이 자신의 유한성과 자연에 대한 두려움 때문에 만들어 낸 다양
한 종교적 교리들의 본래적인 의미들을 밝혀내고, 이를 통해 지금 여기
의 현실 속에서 이루어지는 우리들의 삶이 지향해야 할 올바른 방향성을
제시하려는 그의 노력을 잘 드러내 주고 있다.

끝으로 옮긴이는 이 저서를 통해 현대문명이 가져온 풍요로움 속에
서도 여전히 그 근원을 알 수 없는 불안과 절망에 사로잡혀 하루하루를
힘겹게 살아가는 현대인들에게 진정한 삶의 가치가 무엇인지를 진지하
게 성찰해 볼 수 있는 조그마한 계기가 주어지기를 조심스럽게 기대해
본다. 이 번역을 기꺼이 출판해 준 세창출판사와 원고 교정에 힘써 준 편
집부 조성규 선생님에게 고마운 마음을 표하고 싶다.

2026년 2월

고독의 섬에서

차례

종교의 본질

1845

종교의 본질

1절

인간의 본질 또는 신 —이것을 설명하는 것이 『기독교의 본질』인데— 과 구분되는 독립적인 존재, 즉 인간적인 본질, 인간적인 성질, 인간적인 개성Individualität이 없는 존재는 실제로는 자연[1] 외에 다른 것이 아니다.

---

[1] 나에게서 자연은 "정신"처럼, 단지 인간이 자신과 자신의 생산물과 구분하고 자연이라는 공통적인 이름으로 요약하는 존재들, 사물들, 대상들을 지칭하기 위해 자연이라는 일반적인 명칭으로 요약하는 것일 뿐이며, 보편적인, 실재하는 사물들로부터 추상화되고 격리된, 인격화되고 신비화된 존재가 아니다.

인간의 의존감정Abhängigkeitsgefühl은 종교의 근거Grund이다. 그러나 이러한 의존감정의 대상, 즉 인간이 의존하고, 의존적으로 느끼는 것은 본래적으로 자연 외에 다른 것이 아니다. 모든 종교와 민족의 역사가 충분하게 증명하듯이, 자연은 종교의 첫 번째의 본래적인 대상이다.

<h3 style="text-align:center">3절</h3>

사람들이 종교를 유신론Theismus, 즉 본래적인 신에 대한 믿음이라고 생각한다면 종교가 인간에게 본유적eingeboren이고, 자연스러운 것이라는 주장은 잘못된 것이다. 그러나 사람들이 종교에서 의존감정, 즉 인간이 자신과 구분되는 다른 존재 없이 존재하지 않고 그리고 존재할 수 없고, 인간이 스스로 자신의 존재의 근거가 아니라는 인간의 감정이나 의식 외에 다른 것을 이해하지 않는다면 그러한 주장은 완전히 옳다. 이러한 의미에서 종교는 빛이 눈에, 공기가 폐에, 음식이 위에 가까이 놓여 있는 것처럼 인간에게 가까이 놓여 있다. 종교는 내가 무엇인지를 유의하고 인정하는 것이다. 무엇보다도 나는 빛, 공기, 물, 대지, 음식 없이 있을 수 없는 존재, 즉 자연에 의존하는 존재이다. 하지만 이러한 의존성은 동물과 동물적인 인간에서는 의식되지 않고, 숙고되지 않은 의존성이다. 이러한 의존성을 의식하도록 고양시키는 것, 이러한 의존성을 표상하고 유의하며, 인정하는 것이 종교로 고양되는 것이다. 모든 생명체는 계절의 변화Wechsel에 의존한다. 그러나 오로지 인간만이 이러한 변화를 극적인 표상들로, 축제의 행위Akt로 축하한다. 계절의 변화나 달빛의 변화로밖에는 더 이상 표현하거나 서술할 수 없는 그러한 축제들은 인류의 가장 오래된, 최초의 본래적인 신앙고백이다.

4절

특정한 인간, 즉 지금의 민족, 지금의 부족은 자연 일반, 지구 일반에 의존하지 않고, 지금의 땅, 지금의 지역에 의존하며, 물 일반에 의존하지 않고 지금의 물, 지금의 강, 지금의 샘물에 의존한다. 이집트인은 이집트 밖에서는 이집트인이 아니며, 인도인은 인도 밖에서는 인도인이 아니다. 따라서 보편적인 인간이 그의 보편적인 본질을 신으로 숭배하는 것과 동일한 권리로, 지극히 당연하게 옛날의, 제한된, 육체와 영혼과 함께 자신들의 땅에 사로잡혀, 인류Menschheit가 아니라 그들의 민족적이고 부족적인 확실성으로 자신들의 존재를 정하는 민족들은 자신들 지역의 산, 꽃, 동물, 강과 샘을 신적인 존재로 숭배하였다. 왜냐하면 그들의 전체 실존, 그들의 전체 존재가 그들의 지방, 그들의 자연의 성질에 기반을 두기 때문이다.

5절

인간이 오직 섭리, 신들, 정령들Geister, 수호신들, 천사들과 같은 "초인적인" 존재의 조력을 통해서만 동물의 상태를 벗어나 고양될 수 있다는 것은 비현실적인 생각이다. 물론 인간이 자신에게 그리고 자기 자신을 통해서만 자신인 바의 것이 되지는 않는다. 인간은 이를 위해서 다른 존재들의 후원이 필요하다. 그러나 인간을 그의 의식되고 자의적인, 보통 인간적으로 불리는 행위와 행동 속에서 후원해 주는 모든 것, 즉 모든 좋은 재능과 소질이 위로부터가 아니라, 아래로부터, 하늘로부터가 아니라, 자연 깊숙한 곳에서 나오듯이, 이러한 존재들은 초자연적이고, 상상적인 창조물들이 아니라 실제적이고 자연적인 존재이며, 인간 너머에 있는 존재가 아니라 인간 아래에 있는 존재이다. 이러한 유용한 존재들은, 즉 인간의 이러한 수호신들은 특히 동물들이다. 오직 동물들을 이용하여 인간은 동물들을 넘어선다. 오직 동물들의 보호와 조력을 통해 인간의 문명에서 씨앗이 번성하였다. 첸트 아베스타Zend Avesta와 이것의 가장 오래되고 가장 진정한 부분[2]으로 알려진 벤디다드Vendidad에서는 세계가 "개의 오성을 통해" 존재한다고 말해진다. 개가 거리를 지키지 않으면,

---

2   또한 이것이 "비로소 나중에서야 작성되었을"지라도.

도둑과 늑대들이 모든 물건들을 훔쳐 갈 것이다. 인간을 위한 동물들의 이러한 중요성으로부터, 특히 문명이 시작되는 시기에 동물에 대한 종교적인 숭배가 완전히 정당화된다. 동물들은 인간에게 없어서는 안 될 필연적인 존재이며, 인간의 현존재는 이러한 존재에 의존한다. 하지만 인간의 삶, 즉 인간의 존재가 의존하는 것은 인간에게는 신이다. 기독교인들이 자연을 더 이상 신으로 숭배하지 않는 것은 그들의 신앙에 따르면 그들의 존재가 자연에 의존하는 것이 아니라, 자연과는 구분되는 존재의 의지에 의존한다는 점에서 생겨난다. 그러나 마찬가지로 기독교인들은 단지 그들이 이러한 존재를 자신들의 존재의, 자신들의 삶의 창조자와 유지자로 간주하기 때문에 이러한 존재를 신적인 존재, 즉 최고의 존재로 간주하고 숭배한다. 따라서 신의 숭배는 단지 인간의 자기숭배에 의존하는 것일 뿐이며, 단지 인간의 자기숭배의 현상일 뿐이다. 내가 나를 또는 나의 삶을 —인간은 근본적으로 그리고 보통은 자신과 자신의 삶이 구분되지 않는데— 경멸한다면 내가 어떻게 이러한 가련하고 비루한 삶이 의존하는 것을 찬양하고 숭배한단 말인가? 따라서 내가 삶의 원인으로 중요하게 여기는 가치 속에서는 내가 무의식적으로 나의 삶에, 나 자신에게 중요하게 여기는 가치만이 통찰의 대상이 된다. 그렇기 때문에 삶의 가치가 고양될수록 또한 자연스럽게 삶을 부여한 제공자, 즉 신들의 가치와 품격이 올라가게 된다. 인간이 금과 은의 가치와 쓰임새를 알지 못한다면 신들이 또한 어떻게 금과 은처럼 반짝이겠는가? 그리스인의 삶의 활력 그리고 삶에 대한 사랑과 인디언의 삶의 황폐함과 삶에 대한 경멸 사이에는 얼마나 차이가 있는가! 하지만 그리스인의 신화와 인디언의 설화Fabellehre 사이, 즉 신들과 인간의 올림포스적인 창시자와 위대한 인디언의 주머니쥐Beutelratze 또는 인디언의 조상인 방울뱀 사이에 얼마나 차이가 있겠는가!

6절

  기독교인들은 이교도들만큼이나 그렇게 삶을 기뻐한다. 그러나 기독교인들은 삶의 기쁨에 대해 그들의 감사기도를 하늘의 아버지에게 드린다. 기독교인들은 이교도들이 최초의 원인, 즉 모든 선행Wohltat이 생기게 하는 참된 원인을 향해서가 아니라 피조물에게 감사하고 숭배한다는 점 때문에 이교도들을 우상숭배라고 비난한다. 하지만 내가 최초의 인간인 아담에게 나의 존재를 빚지고 있단 말인가? 내가 그를 나의 아버지로 숭배하는가? 왜 나는 피조물에게 머물러 있으면 안 되는가? 나 자신이 하나의 피조물이 아니란 말인가? 오직 나 자신일 뿐인 나에게는, 즉 이러한 특정하고, 개별적인 존재로서 나에게는 가장 가까운 원인, 게다가 이러한 특정하고, 개별적인 원인이 궁극적인 원인이 아니란 말인가? 나 자신과 나의 현존재로부터 분리할 수 없고 구분할 수 없는 이러한 나의 개성Individualität은 여기 내 부모의 개성에 의존하지 않는가? 내가 계속해서 거슬러 올라간다면 마침내 내 현존재의 모든 흔적들을 잃어버리지 않는가? 여기 이러한 거슬러 올라감에는 어떤 필연적인 정지점과 한계점이 존재하지 않을까? 내 현존재의 최초의 시작은 완전히 개별적인 것이 아닌가? 나는 나의 형제처럼 개별적인 시기Jahre에, 개별적인 시간에, 개별적인 분위기에, 간단히 말하자면 개별적인 내적이고 외적인 조건들 아래에서 수태되고 태어난 것이 아닌가? 따라서 나의 삶이 항변할 여지 없이 자신의 것이듯이, 나의 기원Ursprung 또한 자신의 것, 개인적인 것이 아닌가? 이렇게 나는 아담에까지 나의 외경Pietät을 넓혀야만 하는가? 아니다! 나는 전적으로 정당하게 나에게 가까운 존재를, 즉 여기의 나의 부모들을 내 현존재의 원인으로서, 종교적으로 숭배하면서 남아 있다.

옛날의 무신론자들이 무한한 것으로, 유신론자들이 유한한 것으로 규정했던 소위 유한한 원인들 또는 사물들의 중단 없는 계열Reihe은 단절과 구분 없이 하나의 순간이 다른 순간에 나란히 늘어서는 시간처럼 오직 생각 속에서만, 즉 인간의 표상 속에서만 존재할 뿐이다. 실제로는 이러한 원인계열Causalreihe의 지루한 단조로움Einerlei은 사물의 차이를 통해, 즉 어떤 새로운 것, 독립적인 것, 고유한 것, 궁극적인 것, 절대적인 것인 사물들의 개성을 통해 중단되고 폐기된다. 물론 자연종교적인 의미에서 신적인 물은 합성된 것, 즉 수소와 산소에 의존하는 것이지만, 그러나 동시에 두 가지 원소의 성질들이 그 자체로 사라지고 제거된 하나의 새로운, 오직 자기 스스로 동일한 것, 독창적인 존재이다. 비록 이교도가 자신의 종교적인 소박함Einfalt 때문에 독자적인 빛으로 숭배하는 달빛은, 파생된 것이지만 그러나 동시에 직접적인 태양빛과는 구분되는 고유한 것, 즉 자신의 독창성을 오직 자신 속에 근거로 갖는 달의 반사를 통해 변형된 빛, 따라서 달이 존재하지 않았더라면 존재하지 않았을 빛이다. 물론 조로아스터교도가 그 경계태세, 근무준비와 충실함 때문에 유익한 존재로 그리고 그렇기 때문에 그의 기도 속에서 신적인 존재로 부르는 개는, 자기인 바가 자기 자신으로부터 그리고 자기 자신에 의해 존재하지 않는 자연의 한 피조물Geschöpf이다. 그러나 마찬가지로 그러한 존경할 만한 성질들을 지닌 이러한 존재는 다른 어떤 존재가 아니라 개 자신이다. 나는 존경할 만한 이러한 성질들을 위해 최초의 보편적인 원인을 우러러보아야 하고 개를 외면하여야만 하는가? 그러나 보편적인 원인은 인간에게 적대적인 늑대의 원인인 것처럼 예외 없이 인간에게 우호적인 개의 원인이다. 만약 내가 나의 고유한, 보다 더 정당한 현존재를 주장하려고 한다면, 나는 보편적인 원인을 무시하고 늑대의 존재를 제거해야만 한다.

8절

자연 속에서 나타나는 신적인 존재는 인간에게 신적인 존재로서 나타나고 표현되며, 떠오르는 자연 자신 외에 다른 것이 아니다. 고대의 멕시코인들은 그들의 수많은 신들 중에 소금의 신[3]을 갖고 있었다. 이 소금의 신은 쉽게 느낄 수 있는 방식으로 자연 일반의 신의 본질을 우리에게 해명해 준다. 소금(암염)은 경제적이고, 의학적이고 기술적인 작용 속에서 눈과 심정Gemüt에 작용하여 유신론자들에 의해 그렇게 많이 칭송되는 자연의 유용성과 혜택Wohltätigkeit을, 소금의 색깔, 소금의 광택, 소금의 투명함에서 소금의 아름다움을, 소금의 결정화된 구조와 형태에서 소금의 조화와 규칙성을, 소금의 대립하는 재료들의 결합 속에서 자연의 대립하는 원소들의 결합을 우리에게 완전히 나타내 준다. 유신론자들이 자연에 대한 무지 때문에 대립하는 원소와 존재가 서로 끌어당기고, 자기 자신을 통해 완전히 결합한다는 사실을 알지 못했기 때문에, 이러한 결합은 유신론자들이 자연과는 구분되는 자연의 지배자Regent의 존재에 대한 논박할 수 없는 증명으로 예전부터 받아들였던 결합이다. 그러나 그렇다면 이제 소금의 신은 무엇인가? 소금 속에 그것의 영역, 현존재,

---

3   또는 정확히 말하자면 여신이지만, 그러나 그것은 여기에서 동일한 것이다.

드러남, 작용과 성질을 갖고 있는 신이란 말인가? 그 성질과 작용 때문에 신적인 것으로, 즉 유익하고, 훌륭하고, 값어치 있고 경탄할 만한 존재로서 인간에게 나타나는 소금 자체 외에 다른 것이 아니다. 호메로스는 분명하게 소금을 신적인 것으로 부른다. 따라서 소금의 신이 단지 소금의 신성Gottheit과 신성함의 흔적과 표현이듯이, 세계 또는 자연 일반의 신 또한 그렇게 단지 자연의 신성의 흔적과 표현일 뿐이다.

9절

　자연 속에서 자연 자체가 아니라 다른 존재가 나타나며, 자연은 그와 다른 존재에 의해 이루어지고 지배를 받는다는 믿음은 근본적으로 유령들, 악령들, 악마들이 적어도 일정한 상황에서 인간을 통해 나타나고, 인간을 홀린다는 믿음과 같은 것이며, 실제로 자연이 어떤 낯선 초자연적인 존재에 의해 사로잡혀 있다는 믿음이다. 물론 또한 실제로 이러한 믿음의 입장에서는 자연이 어떤 정신Geist에 의해 사로잡혀 있지만, 그러나 이러한 정신은 자연을 자신의 존재의 상징과 거울로 만드는 인간의 정신, 인간의 상상, 무의식적으로 자연 속에 스스로 집어넣은 인간의 심정이다.

10절

자연은 최초의 본래적인 대상일 뿐만 아니라 또한 지속적인 근거이고, 비록 숨겨져 있지만 종교의 지속적인 배경이다. 신이 자연과 구분되는 초자연적인 존재로 생각된다고 하더라도 신은 인간 밖에 있는 존재, 철학자가 표현하듯이, 하나의 객관적인 존재라는 믿음은 인간 밖에 있는 대상적인 존재, 세계, 즉 자연이 본래 스스로 이러한 신이라는 점에 그 근거를 갖고 있다. 자연의 존재는 그 근거를 유신론자가 생각하듯이 신의 존재에 두고 있지 않다. 그렇다! 반대로 신의 존재 또는 신의 존재에 대한 믿음이 오히려 자연의 존재에 근거하고 있다. 당신은 자연 자체에 의해 당신의 존재와 당신의 의식이 자연의 존재를 전제하도록 강요받기 때문에, 그리고 신이라는 최초의 기본개념이 바로 당신의 존재에 앞서고 전제되어진 존재 외에 다른 것이 아니기 때문에, 단지 그 때문에 당신은 신을 실존하는 존재로 생각할 것을 강요받을 뿐이다. 또는 인간이 존재하든지 존재하지 않든지 그리고 신을 생각하든 생각하지 않든지, 신을 원하든 원하지 않든지 상관없이 신이 완전히 인간의 마음 밖에, 인간의 이성 밖에 존재한다는 믿음 속에서, 이러한 믿음 속에서 또는 오히려 이러한 믿음의 대상 속에서 그 존재가 인간의 존재에 의존하지 않는, 하물며 인간의 오성과 마음에 의존하지 않는 자연 외에 다른 것이 아닌 존재가 당신의 머릿속에 나타난다. 그런 까닭에 신학자들, 특히 합리주의자들이 무엇보다도 신이 인간의 사유에 의존하지 않는 존재라는 점에 신의 영예Ehre를 설정한다면, 그들은 이러한 존재의 영예가 또한 맹목적인 이교도들의 신들, 즉 별, 돌, 나무와 동물에게도 귀속되며, 따라서 그들 신의 경솔한gedankenlos 존재가 이집트인의 성스러운 소Apis와 구분되지 않는다는 점을 유념해야 할 것이다.

인간존재 또는 적어도 인간 개인으로부터 신적인 존재의 차이를 뒷받침하고 나타내는 성질들은 근본적으로 또는 기본적으로 오직 자연의 성질들일 뿐이다. 신은 가장 강력한 또는 전능한 존재이다. 즉 신은 인간이 할 수 없는 것을 할 수 있고, 아마도 인간의 힘을 무한히 능가하고, 따라서 인간에게 인간의 제한성, 무기력과 무가치함이라는 굴욕적인 감정을 부가하는 것이다. 신은 욥에게 "너는 북두칠성의 띠를 한데 묶을 수 있는가? 또는 오리온의 띠Band를 풀 수 있는가? 너는 그들이 배를 타고 가서 우리가 여기 있다고 말하도록 번개를 멈추게 할 수 있는가? 너는 말에게 힘을 줄 수 있는가? 보라매Habicht가 너의 오성에 의해 날게 되는가? 너는 신과 같은 영향력을 갖고 있는가? 그리고 너는 신이 하는 것처럼 똑같은 소리로 천둥소리를 낼 수 있는가?"라고 말한다. 그렇지 않다! 인간은 그것을 할 수 없다. 인간의 목소리는 천둥과 비교될 수 없다. 하지만 천둥의 힘 속에서, 말의 힘 속에서, 보라매의 비행 속에서, 일곱 개의 별의 지속적인 운행 속에서 드러나는 것은 무엇인가? 그것은 자연의 힘이다.[4] 신은 영원한 존재이다. 그러나 성경에서조차 "한 세대가 사라지고

---

4   소크라테스는 물리학을 초인간적이고 쓸모없는 일이라고 비난한다. 왜냐하면, 예를 들면 사람들이

다른 세대가 온다, 그러나 지구는 영원히 존재한다"라고 쓰여 있다. 첸트 아베스타에서는 분명히 태양과 달이 그들의 변함없는 지속Fortdauer 때문에 "불멸하는 것"이라고 말해진다. 그리고 페루인의 인카Ynka는 도미니코 수도회 사람에게 "너는 십자가에서 죽은 신에게 기도한다. 그러나 나는 죽지 않는 태양에게 기도한다"고 말한다. 신은 대자대비한allgütig 존재이다. 왜냐하면 신은 자신의 햇빛을 악한 사람들에게도 그리고 착한 사람들에게도 비추며, 올바른 사람Gerechte에게도 그리고 올바르지 않은 사람에게도 비를 내리기 때문이다. 그러나 신은 선함과 악함, 올바름과 올바르지 않음 사이를 구분하지 않는 존재, 도덕적인 공로에 따라 삶의 소유물들을 분배하지 않는 존재이고, 예를 들면 상쾌한 햇빛과 소낙비 같은 신의 작용은 유익한 지각이기 때문에, 인간에게 선한 존재라는 인상을 주는 존재인데, 이러한 존재가 바로 자연이다. 신은 전능하고, 보편적이고, 하나이며 동일한 존재이지만, 그러나 그러한 존재는 모든 인간과 지구나 세계의 존재들을 —왜냐하면 지구는 근원적이고 그리고 모든 종교에서 세계 자체이기 때문에— 비추는 하나의 동일한 태양이며, 인간과 지구 또는 세계 전부를 포괄하는 하나의 동일한 하늘이고, 인간과 지구

어떻게 비가 오는지를 안다고 해도, 그렇기 때문에 비를 내리게 할 수 없으며, 따라서 사람들은 앎을 통해 행할 수 있는 인간적인, 도덕적인 대상들에만 몰두할 수 있기 때문이다. 즉 인간이 행할 수 있는 것은 인간적인 것이고, 인간이 행할 수 없는 것은 초인간적인 것, 신적인 것이다. 그래서 또한 카피르 (Kaffern)족의 왕은 "그들은 그들에게 때로는 선을, 때로는 악을 주고, 바람, 천둥과 번개를 일으키고 그리고 그들이 흉내 낼 수 없는 모든 것을 만들어 내는 보이지 않는 힘을 믿었다"라고 말했다. 그리고 한 인디언이 선교사에게 말했다. "당신은 풀을 자라게 할 수 있는가? 나는 당신이 그럴 수 없다고 믿는데, 위대한 마니토 외에는 아무도 그것을 할 수 없다"라고 말했다. 이와 같이 인간과 구분되는 존재로서의 신이라는 근본개념은 자연 외에 다른 것이 아니다.

또는 세계 전부를 지탱하는 하나의 동일한 지구인 것이다. 암브로시우스는 공통적인 자연은 하나의 신이 존재한다는 점을 확인해 준다고 말한다. 왜냐하면 오로지 하나의 세계가 존재하기 때문이다. 플루타르코스가 말하기를 태양, 달, 하늘, 지구 그리고 바다 모두가 공통적이지만, 어떤 사람에게서는 이렇게, 다른 사람에게는 저렇게 불리듯이, 우주를 주도하는 하나의 정신이 존재하지만, 그러나 그러한 정신은 다양한 이름을 가지며 숭배된다. 신은 "인간의 손에 의해 만들어진 사원에 사는 존재가 아니다." 그러나 자연도 또한 그렇다. 누가 빛을, 누가 하늘을, 누가 바다를 제한된 인간의 공간에 가둘 수 있겠는가? 고대의 페르시아인과 게르만인은 오로지 자연만을 숭배하여 결코 사원을 갖지 않았다. 자연숭배자에게는 형편없이 만들어진 촘촘한 사원의 공간은 너무나 좁고, 너무나 답답하다. 그는 오로지 감성적 직관의 자유롭고, 제약되지 않은 하늘 아래에서만 편안하다. 신은 인간의 척도로 규정할 수 없고, 헤아릴 수 없으며, 위대하고 무한한 존재이다. 그러나 신이 그런 것은 세계, 즉 그의 작품이 위대하고, 헤아릴 수 없으며 무한하거나 또는 적어도 그렇게 인간에게 나타나기 때문이다. 작품은 작품의 주인을 칭송하게 한다. 창조자의 훌륭함은 그 근거를 오로지 피조물의 훌륭함 속에 지니고 있을 뿐이다. "태양은 얼마나 위대한가! 그러나 무엇보다도 태양을 만든 사람은 얼마나 위대한가!" 신은 이 세상을 초월한, 초인적인, 최고의 존재이다. 그러나 또한 이러한 최고의 존재도 그의 근원과 토대에 따르자면 공간적으로 또는 시각적으로 최고의 존재, 즉 빛나는 하늘 외에 다른 것이 아니다. 모든 종교들은 단지 약간의 활력Schwungkraft에 의해 그들의 신들을 구름의 영역으로, 에테르의 영역으로 또는 태양, 달 그리고 별들의 영역으로 옮겨 놓는다. 모든 신들은 마지막에는 하늘의 막연한 모호함Dunst 속으로 사라져 버린다. 기독교의 유신론적인 신조차도 그의 자리, 그의 기반을 하늘 위에 두고 있다. 신은 비밀스럽고, 이해할 수 없는 존재인데, 오로지 자연만이 인간에게는, 특히 종교적인 인간에게는 하나의 비밀스럽고 이해할 수 없는 존재이기 때문이다. 신은 욥에게 "너는 어떻게 구름이 흩어지는지 아느냐? 너는 바다의 심연으로 가 보았느냐? 너는 지구가 얼마나 넓은지 지각했느냐? 너는 우박이 어디에서 유래하는지 보았느냐?"라고 묻는다. 신은 결국 인간의 자의Willkür를 넘어서 숭고한 자, 인간의 욕구와 격정에 동요하지 않는 자, 영원히 자기 스스로 동일한 자, 변하지 않는 법칙에 따라 주재하는 자, 무엇을 그렇게 한 번 확정하면 영원히 변경할 수 없이 지속하는 존재이다. 하지만 이러한 존재는 또한 모든 변화에서 자기 스스로 동일하게 머무르고, 규칙적이며, 엄격하고, 무의식적인 자연과 무엇이 다른가?[5]

---

[5] 근본적으로 오직 자연의 직관에서 유래하는 이러한 모든 성질들은 나중에 자연 자체가 추상적인 이성적 존재(Vernunftwesen)가 되듯이, 추상적인, 형이상학적인 성질들이 된다. 인간이 자연으로부터의 신의 기원을 망각하고, 신이 직관, 감성의 존재가 아니라, 단지 사유되어진 존재인 입장에서는 본래적으로 인간적인 신과 구분되는 의인화된 신은 이성의 본질 외에 다른 것이 아니다. 이에 대한 더 많은 논의는 나의 『루터-연구』 그리고 『기독교의 본질』을 참조하라.

12절

자연의 창시자로서의 신은 비록 자연과는 구분되는 존재로 생각되지만, 그러나 이러한 존재가 포함하고 표현하는 것, 이러한 존재의 실제적인 내용은 단지 자연일 뿐이다. "너희들은 그 열매들로부터 자연을 알아야 한다"라고 성경에서 말하는데, 사도 바울은 세계를 신의 존재와 본질을 인식할 수 있는 작품으로서 우리에게 분명하게 보여 준다. 왜냐하면 한 사람이 생산해 내는 것은 바로 그의 존재를 포함하며, 우리에게 그가 무엇인지 그리고 무엇을 할 수 있는지를 알려 주기 때문이다. 그렇기 때문에 우리가 자연에서 갖고 있는 그것을 우리는 자연의 창시자나 원인인 신으로 생각한다. 따라서 신은 도덕적이고, 정신적인 것이 아니라 단지 자연적이고 물리적인 존재일 뿐이다. 오로지 자연의 창시자로서의 신에 근거하는 종교숭배는, 다른 방법으로 인간으로부터 만들어진 규정들을 신과 연결시키지 않는다면, 동시에 신을 정치적이고 도덕적인, 즉 인간적인 입법자로 생각하지 않는다면, 순수한 자연숭배일 것이다. 자연의 창시자는 오성과 의지에 의해 증명되지만, 그러나 바로 창시자의 의지가 원하는 것, 창시자의 오성이 생각하는 것은 정확히 의지, 오성이 필요하지 않고, 단지 기계적이고, 물리적이며, 화학적이고, 식물적이며 동물적인 힘과 원동력이면 충분하다.

13절

자궁Mutterleib에서의 아이의 형성, 심장의 운동, 소화작용과 다른 유기적인 기능들이 오성과 의지의 작용이 아니듯이, 그렇게 자연 일반은 어떤 정신적인, 즉 의욕하고 인식하는 또는 사유하는 존재의 작용이 아니다. 자연이 근원적으로 하나의 정신적인 사물 그리고 따라서 하나의 정신현상이라면, 현재의 자연작용들은 또한 정신적인 작용들, 즉 정신현상일 것이다. A를 말하는 사람은 B를 말해야만 한다. 초자연적인 시작은 필연적으로 하나의 초자연적인 지속Fortsetzung을 요구한다. 의지와 오성 아래에 놓여 있는 작용들이 인간의 오성을 넘어서는 곳에서, 인간이 모든 것을 오직 자신으로부터, 즉 인간적인 근거들로부터 설명하는 곳에서, 인간이 자연적인 원인들에 관해 이해하지 못하고 알지 못하는 곳에서, 따라서 또한 인간이 특별한, 현재의 자연현상들을 신으로부터, 또는 예를 들면 인간에게 설명할 수 없는 천체의 운동들을 하위의 정령들Geister로부터 도출해 내는 곳에서 오로지 인간은 의지와 오성을 자연의 원인으로 삼는다. 그러나 지금은 지구와 천체의 받침점Stützpunkt이 전능한 신의 말씀이 아니므로, 지구와 천체의 운동의 동기는 정신적이거나 천사적인 것이 아니라 기계적인 것이며, 또한 이러한 운동의 원인, 즉 최초의 원인은 기계적인 원인이거나 자연적인 원인이다. 의지와 오성으로부터, 게다가 정신으로부터 자연을 이끌어 내는 것은 잘못 예측한 것이고, 성령에 의해 동정녀로부터 세계의 구원자가 태어나는 것이며, 물로 포도주를 만드는 것이고, 말로 폭풍우Strüm를 만드는 것이며, 말로 산을 옮기고, 말로 장님의 눈을 뜨게 하는 것이다. 모든 미신의 첫 번째 원인을 손대지 않고 놓아두면서 자연현상의 설명근거로서 기적, 악마, 유령들 같은 미신에 종속된 원인들을 제거하는 것은 얼마나 나약하고 편협한 것인가!

14절

몇몇 교부들은 신의 아들이 의지의 결과가 아니라 신의 본질, 신의 본성의 결과라는 점, 자연의 산물Naturprodukt은 의지의 산물보다 앞서 있고, 따라서 본질작용Wesensakt 또는 자연작용Naturakt으로서의 생식작용Zeugungsakt은 의지작용인 창조작용에 앞선다는 점을 주장하였다. 따라서 신의 본질과 신의 의지의 커다란 모순 속에서이지만, 초자연적인 신 가운데에서 자연의 진리는 자기 스스로 관철된다. 산출작용은 의지작용의 전제가 되며, 의식의 활동, 의지의 활동이라기보다는 자연의 활동이다. 이것은 완전히 옳다. 자연과는 구분되는 것, 의욕과 사유의 대상으로서의 자연에 대립하는 것이 존재하기 전에 무엇보다도 자연이 존재해야만 한다. 분별력이 없다가 분별력을 갖게 되는 것은 삶의 지혜에 이르는 길이지만, 분별력을 갖고 있다가 분별력이 없어지는 것은 곧바로 신학이라는 정신병원으로 가는 길이다. 자연 위에다 정신을 두는 것이 아니라 반대로 정신 위에 자연을 두는 것은 하복부, 즉 배 위에 머리를 두는 것이 아니라 배를 머리 위에다 배치하는 것이다. 더 낮은 것das Niedere이 더 높은 것das Höhere을 전제하는 것[6]이 아니라 더 높은 것이 더 낮은 것을 전

---

6 논리적으로는 그렇지만, 그러나 실제적인 생성에서는 결코 그렇지 않다.

제해야 하는데, 더 높은 것이 높이 있기 위해서는 자신보다 더 낮은 어떤 것이 있어야만 하는 단순한 이유 때문이다. 그리고 어떤 존재가 더 높을수록, 더 많을수록 그 존재는 또한 더 많은 것을 전제로 한다. 마치 지구의 생성사에서 가장 오래된 최초의 암석들, 석판들과 화강암들이 아니라 가장 나중의, 가장 근래의 산물들, 즉 현무암들과 빽빽한 지질용암들이 가장 중요하고 의미 있는 것처럼, 바로 그렇기 때문에 최초의 존재가 아니라 가장 늦은, 최근의, 의존적이고, 결핍되고, 결합된 존재가 최고의 존재이다. 아무것도 전제하지 않는 영예를 가진 존재는 또한 아무것도 아닌 것이 될 영예를 갖는다. 그러나 물론 기독교인들은 무로부터 어떤 것을 만드는 기술을 가지고 있다.

15절

　기독교인들은 그들의 경건한 믿음에 부합하여 모든 사물들이 신에 의해 생겨나고 신에 의존한다고 말한다. 그러나 그들은 곧바로 그들의 경박한 오성에 부합하여, 이제 간접적으로 신은 오로지 첫 번째 원인이며, 그 외에 엄청난 무리의 하위의 신들, 중간원인들의 연대Regiment가 뒤따른다는 점을 덧붙인다. 그러나 소위 중간원인들만이 실제적이고 작용하는 원인들, 객관적이고 지각할 수 있는 원인들이다. 더 이상 아폴론의 화살로 인간을 쓰러뜨리지 못하고, 더 이상 번개와 천둥으로 심정을 뒤흔들지 못하며, 더 이상 혜성과 불타는 현상들로 완강한 죄인들에게 겁을 주지 못하고, 더 이상 최고인 "자기 자신의" 손으로 쇠를 자석에 끌어오지 못하며, 간조와 만조를 생기게 하지 못하고, 단단한 땅을 끊임없이 새로운 대홍수로 위협하는 강물의 힘으로부터 보호하지 못하는 신, 간단히 말해서 중간원인의 영역으로부터 쫓겨난 신은 단지 명목상의 원인Titularursache일 뿐이고, 하나의 무력하고, 지극히 형편없는 사유물Gedankending, 즉 자연 또는 유기체적인 생명의 최초의 시작을 설명하는 이론적인 어려움을 해결하기 위한 단순한 가정일 뿐이다. 왜냐하면 유신론자는 삶 자체를 자연으로부터 설명하지 못하는 자신의 무능력을 자연의 무능력으로, 삶을 그 자체로부터 산출하지 못하는 자신의 무능력

을, 따라서 자신의 오성의 한계를 자연의 한계로 만들어 버리면서, 자연
의 존재를 설명하기 위해 자연과 구분되는 존재를 가정하는 것은, 적어
도 최종적으로는, 오로지 자연으로부터 유기체가, 특히 인간이라는 생명
체가 ―게다가 단지 상대적이고 주관적인― 설명 불가능하다는 점에만
기대고 있기 때문이다.

16절

　창조와 양육Erhaltung은 분리될 수 없다. 따라서 자연과 구분되는 존재가 우리의 창조자인 신이라면, 그 신은 또한 우리의 부양자이며, 따라서 우리를 부양하는 것은 공기, 온기, 물, 빵의 힘이 아니라 신의 힘이다. "우리는 신 속에서 살아가고, 움직이며 존재한다." 루터는 "빵이 아니라, 신의 말씀이 모든 사물을 창조하고 부양하듯이 또한 당연히 육체를 살찌운다"(Ebr. 1)라고 말한다. "신의 말씀이 존재하기 때문에, 그(신)는 사람들이 신의 말씀을 보지 못하고 빵이 그것을 행한다고 생각하는 것을 통해서 그리고 그 가운데에서 양육한다. 그러나 빵이 존재하지 않는 곳에서 신은 그가 빵으로 행한 것처럼, 빵 없이 오직 말씀만을 통해서 양육한다." "모든 피조물의 전체는 신의 외관Larve이자 신이 말씀과 함께 작용하게 하고 여러 가지의 것을 만들도록 돕는 위장Mummerei이다. 그러나 신의 말씀은 이들의 협력 없이도 그 일을 행할 수 있고 또한 행한다." 하지만 자연이 아니라 신이 우리의 양육자이기 때문에, 자연은 신성의 단순한 숨바꼭질이고 따라서 허깨비일 것이다. 만약 자연이 우리를 부양한다면, 마찬가지로 거꾸로 신이 불필요한 허깨비일 것이다. 그러나 이제 우리가 오직 자연적인 존재의 고유한 작용들, 성질들 그리고 힘들에 우리의 부양을 신세 지고 있다는 점은 명백하고 부인할 수 없다. 따라서 우리는 우리가 또한 오로지 자연에게 우리의 생성을 신세 지고 있다는 점을 정당하게 결론 내릴 수 있을 뿐만 아니라 그래야만 한다. 우리는 자연 한 가운데로 들여놓아지는데, 우리의 시원, 우리의 근원이 자연 밖에 놓여 있어야만 하는가? 우리는 자연 속에서, 자연과 함께, 자연에 의해 살아가는데, 그럼에도 불구하고 우리는 자연에 의해서 존재해서는 안 된단 말인가? 얼마나 모순적인가!

17절

지구는 그것이 지금 있는 것처럼 항상 그렇게 존재하지는 않았다. 지구는 오히려 오직 발전과 변화의 순서에 따라 현재의 위치에 이르게 되었고, 그리고 지질학을 통해 이러한 다양한 발전단계에서 또한 지금이나 이전의 시기에는 더 이상 존재하지 않는 다양한 식물들과 동물들이 존재할 수 있었다는 사실이 탐구되었다.[7] 그래서 더 이상 삼엽충, 해백합 Enkrinit, 암몬조개, 프테로닥틸루스, 어룡, 메가테리움과 디노테리움 등은 존재하지 않는다. 그러나 왜 그러한가? 아마 이들의 존재를 위한 조건들이 더 이상 존재하기 않기 때문이다. 그러나 한 생명체의 종말이 그 생명체의 조건들의 종말과 일치한다면, 한 생명체의 시작, 즉 생성은 그 생명체의 조건들의 생성과 일치할 것이다. 식물들과 동물들이, 적어도 논란의 여지 없이 오직 유성생식을 통해 고등생물들이 생겨나는 지금조차도 우리는 그들의 고유한 삶의 조건들이 주어져 있는 모든 곳에서 몹시 독특하고 아직 설명되지 않은 방식으로 지체 없이 식물과 동물들이 무수

---

7   그런데 나는 유기적인 생명체가 형식에 맞는 발전과정에서 전개되었을 것이라는 견해에, 즉 어떤 시기에는 단지 달팽이, 조개들과 다른 하등동물들, 단지 물고기, 단지 양서류들만이 존재했었을 것이라는 견해에 익숙해지긴 어렵다. 석탄층에서 육지포유동물의 뼈와 이빨이 발견되지 않았더라면, 이러한 견해는 또한 경사암층(Grauwackenformation)에까지 거슬러 나아갔다.

히 출현하는 것을 곳곳에서 본다. 따라서 유기적인 생명체의 생성은 당연히 하나의 고립된 작용, 즉 삶의 조건들의 생성에 따른 작용으로서가 아니라, 오히려 온도, 공기, 물, 흙 일반이 그러한 성질들을 받아들이는, 즉 산소, 수소, 탄소, 질소가 그러한 결합에 관계하는 작용, 계기로 생각되어야 한다. 유기적인 생명체의 존재를 제약하는 것은 또한 동시에 이러한 재료들이 유기체의 몸을 형성하기 위해 결합된 계기로 생각되어야 한다. 따라서 지구가 그 자신의 본성에 따라 시간의 흐름 속에서 인간의 존재와 모순되지 않고, 인간의 존재에 적합한, 따라서 말하자면, 스스로 인간적인 특성을 받아들이게끔 그렇게 전개되고 유지된다면, 지구는 또한 자신의 힘에 따라 인간을 만들어 낼 수 있을 것이다.

18절

자연의 힘은 신적인 전능함, 즉 인간의 상상력의 힘처럼 절대적인 것
이 아니다. 자연의 힘은 모든 것을 언제나 그리고 모든 상황에서 마음대
로 할 수 없다. 자연의 힘의 산출, 자연의 힘의 작용들은 조건들에 묶여
있다. 따라서 이제 자연이 근원적인 생산을 통해 더 이상 유기체를 산출
할 수 없거나 산출하지 않는다면, 여기에서 또한 자연이 이것을 이전에
도 할 수 없었으리라는 쪽으로 결론이 나는 것은 아니다. 지구의 특성은
현재 안정성을 특징으로 한다. 변화의 시기는 지나가 버렸다. 지구는 잠
잠해졌다. 화산들은 개별적으로 여전히 불안정하지만, 질량Masse에 어떠
한 영향도 주지 않으며, 따라서 기존의 질서를 방해하지 않는다. 유사 이
래 엄청난 화산분화인 멕시코의 엘호룰로화산의 융기조차도 국지적인
것이었다. 그러나 인간이 단지 특별한 시기에, 그 밖의 시기에는 불가능
한, 단지 엄청난 자극과 동요의 시기에만 특별한 힘을 보여 주듯이, 식물
들이 단지 일정한 시기에만, 싹트는 시기에만 탄소와 수소를 태워 개화
와 수정에 온기를 발생시키듯이, 따라서 그들의 익숙한 식물적인 작용에
곧바로 대립하는 것, 즉 동물적인 기능을 실행하듯이se fait animal: Dumas,
그렇게 지구는 또한 오직 그 지질학적인 변화의 시기에, 모든 지구의 힘
과 재료들이 최고의 격앙Gärung, 비등Wallung과 긴장 속에서 파악되는 시

기에 지구의 동물학적인 생산력을 나타낸다. 우리는 자연을 단지 그것의 현재적인 상태에서만 알 뿐이다. 따라서 우리는 지금 자연에 의해 일어나지 않는 것이 또한 일어나지 않는다는 것을, 즉 완전히 다른 시기에 완전히 다른 조건들과의 관계에서 일어날 수 없을 것이라고 어떻게 추론할 수 있는가?[8]

---

8   내가 유기적 생명체의 생성에 관한 중요한 문제를 몇 마디 말들로 처리하려고 하지 않는다는 점은 언급할 필요도 없다. 하지만 그 몇 마디 말들은 내 주제를 위해서는 충분하다. 왜냐하면 나는 여기에서 단지 생명체가 자연 외에 다른 기원을 갖지 않는다는 점에 대한 간접적인 증거를 제시하기 때문이다. 직접적인, 자연과학적인 증거들에 관해서는, 우리가 목표에 도달하기는 아직 멀었지만, 그러나 이전의 시기에 비해 특히 근래에 증명된 무기적인 현상과 유기적인 현상들의 동일성을 통해 충분히 입증된다. 우리에게 흡사 이러한 기원의 방식들이 아직 알려지지 않거나 알려지지 않을 것이라고 하더라도, 적어도 우리가 생명체의 자연적인 기원에 관해 확신한다는 점에서는 충분하다.

19절

기독교인들은 이교도들이, 생성된 존재들을 신적인 것으로 숭배한다는 점에 대해 충분히 놀라워할 수 없었다. 오히려 기독교인들은, 이러한 숭배가 완전히 올바른 자연이해를 토대로 한다는 점에서 이교도들을 놀라워해야만 했었다. 생성Entstehen은 개별화된다는 것을 말한다. 개별적인 존재들이 생겨난다. 반대로 보편적이고, 개체성이 없는 원소나 자연의 근본존재는 생겨나지 않으며, 물질Materie도 생겨나지 않는다. 그러나 개별화된 존재는 성질상 개성 없는 존재보다 고차원적이고, 신적인 존재이다. 물론 태어나는 것은 치욕스러운 것이고 죽음은 고통스러운 것이다. 그러나 시작하려고 하지 않고 끝내려고도 하지 않는 사람은 살아 있는 존재라는 지위를 포기해야 한다. 영원은 생명력Lebendigkeit을, 생명력은 영원을 배제한다. 개체는 개체를 생산하는 다른 존재를 전제하지만, 그렇기 때문에 생산하는 존재는 개체를 넘어서 있는 것이 아니라 개체로 나타난다. 생산하는 존재는 비록 존재의 근거이고 그런 한에서 최초의 존재이지만, 그것은 또한 동시에 단순한 수단과 재료, 즉 다른 존재의 현존재를 위한 토대이며 그런 한에서 종속된 존재이다. 아이는 자신의 이익을 위해 부모를 이용하고, 부모의 힘과 활력을 이용하며, 부모의 피로 그의 얼굴을 꾸민다. 그리고 아이는 어머니의 자랑거리가 되고 어머니는 아이를 자신 위에 놓고, 자신의 존재, 자신의 존재의 행복을 아이의 행복에 종속시킨다. 동물의 어미조차도 자신의 삶을 자신의 새끼들에게 희생한다. 한 존재의 가장 심한 치욕은 죽음이지만, 죽음의 근거는 생식Zeugung이다. 생식한다는 것은 자신을 버리는 것, 자신의 품위를 떨어뜨리는 것, 군중 속에 휩쓸리는 것, 다른 존재가 자신의 유일성과 배타성을 희생시키는 것을 말한다. 가장 높은, 가장 완전한 정신적인 존재로부터 자연적인 존재를 생겨나게 하는 것보다 더 모순적이고, 전도되며 무의미한 것은 없다. 이러한 절차에 따르면, 피조물Geschöpf은 창조자의 모사Abbild이기 때문에, 시종일관한 방식으로 아이들은 또한 자궁이라는 저차원의, 아주 깊숙이 놓여 있는 기관에서가 아니라, 고차원의 유기체적인 존재, 즉 머리에서 생겨나야만 했을 것이다.

20절

고대 그리스인들은 모든 샘, 분수, 강물, 바다, 대양을 오케아노스 Okeano, 즉 세계의 강Weltstrom 또는 세계의 바다Weltmeer로부터 도출하였고, 그리고 고대 페르시아인들은 지구의 모든 산들을 엘부르즈산맥에서 생겨나게 하였다. 완전한 존재로부터 모든 존재의 도출Ableitung은 더 나은 다른 종류의 방식인가? 그렇지 않다! 그러한 도출은 동일한 사유방식에 근거하고 있다. 엘부르즈산맥이 이것으로부터 생겨난 산들과 같이 하나의 산이듯이, 또한 도출된 존재의 기원으로서의 신적인 존재는 종류상 이러한 도출된 존재와 구분되지 않는 존재이다. 그러나 엘부르즈산맥이 다른 산들의 특성을 뛰어난 의미에서 환상에 의해 절정에, 즉 하늘에 이르러, 태양, 달과 우주 너머에까지 강화된 정도로 가진다는 점을 통해 모든 다른 산들과 구분되듯이, 그렇게 신적인 근원적 존재도 또한 그것이 다른 존재들의 성질을 최고의 정도로, 한계가 없고 무한한 의미에서 지니고 있다는 점에서 모든 다른 존재들과 구분된다. 그러나 태초의 물이 많은 다양한 강물의 원천이 아니듯이, 태초의 산이 많은 다양한 산들의 근원이 아니듯이, 태초의 존재도 많은 다양한 존재들의 기원이 아니다. 단일성Einheit은 쓸모없는 것이고, 오직 이원론, 대립, 차이만이 쓸모가 있다. 산들을 산출하는 것은 산들과 구분되는 것일 뿐만 아니라, 자기 스스로 아주 다양한 것이며, 마찬가지로, 물을 산출하는 것은 물Wasser 자체와 구분되는 것일 뿐만 아니라 서로 구분되는 재료들, 대립하는 재료들이다. 정신, 위트, 총명, 판단이 오직 대립 속에서, 오직 갈등 속에서 전개되고 생겨나듯이, 또한 생명체는 오직 구분되는, 대립하는 재료들, 힘들과 존재들의 갈등 속에서 생겨난다.

　"귀를 만든 사람이 어떻게 들을 수 없겠는가? 눈을 만든 사람이 어떻게 볼 수 없겠는가?" 보고 듣는 존재로부터 보고 듣는 존재를 성경적으로 또는 유신론적으로 도출하는 것은 우리의 근대적인, 철학적인 용어로 표현하자면 다음과 같다. 정신적이고, 주관적인 존재를 그 자체로 다시 정신적인, 주관적인 존재로부터 도출하는 것은 하늘의 구름 위에 혹은 구름 속에 모아진 축적된 수분에서 비가 내린다는 성경의 설명과, 근원적인 산맥인 엘부르즈로부터 산들을 도출하는 페르시아인의 설명과, 오케아노스로부터 샘과 강들이 생긴다는 그리스인의 설명과 동일한 토대에 근거하는 것이고, 완전히 동일한 것을 언급하는 것이다. 이것은 물을 물로부터, 그러나 어떤 무한하고 거대한, 일체를 포괄하는 물로부터, 산을 산으로부터, 그러나 어떤 무한하고, 일체를 포괄하는 산으로부터, 그래서 정신을 정신으로부터, 생명체를 생명체로부터, 눈을 눈으로부터, 그러나 어떤 무한하고, 일체를 포괄하는 눈, 생명체 그리고 정신으로부터 도출하는 것이다.

22절

아이들은 사람들에게 갓난아이가 어디에서 생겼는가라고 묻는다. 우리는 이에 대해 유모가, 물고기처럼 헤엄을 치는 샘물Brunnen에서 갓난아이를 가져왔다고 "설명"을 한다. 이러한 설명은 우리에게는 신학이 유기체적인 존재 또는 자연적인 존재의 근원에 대해서 제시하는 것과 다르지 않다. 신은 그곳에서 모든 실재성, 모든 완전성, 모든 힘을 포함하고 있고, 따라서 모든 사물들이 이미 완성되고 물고기들처럼 헤엄을 치는 깊고 아름다운 환상이라는 샘물이다. 신학은 갓난아이를 샘물에서 가져오는 유모인 것이다. 그러나 주인공, 자연, 즉 고통스럽게 아이를 낳는 어머니, 아이를 아홉 달 동안 임신하고 있는 어머니는 근본적으로 이러한 어린아이 같은, 그러나 지금은 유치한 설명에서는 완전히 도외시되어 있다. 물론 이러한 설명은 오로지 점차적으로 수많은 방해를 지나 어둠으로부터 빛으로 뚫고 올라가는 자연적인 설명보다 더 아름답고, 편안하고, 쉽게 이해할 수 있으며, 신의 자녀들에게 분명할 것이다. 물론 또한 비를 내리는 마법사, 요술사, 마녀를 통한 우박, 가축전염병, 가뭄과 뇌우에 대한 우리의 신앙심 깊은 조상들의 설명은 자연적인 원인으로부터 이러한 현상들을 설명하는 것보다 훨씬 더 "시적이고", 쉬우며 그리고 여전히 오늘날에도 교육받지 않는 사람들에게는 더 분명한 것이다.

23절

"삶의 근원은 설명할 수 없고 이해할 수 없다." 그럴 것이다. 그러나 이러한 이해할 수 없음은 인간지식의 결함 때문에 신학을 끌어들이는 미신적인 결론으로 나아가도록, 즉 자연적인 원인의 영역을 벗어나도록 당신에게 권한을 주지 않는다. 당신은 단지 내가 나에게 알려진 이러한 자연적인 현상들과 원인들로부터 또는 지금까지 나에게 알려진 그러한 현상들로부터 삶을 설명할 수 없다고 말할 수 있을 뿐이다. 그러나 당신은 전적으로, 결코 자연으로부터 삶을 설명할 수 없다고 말할 수는 없다. 자연이라는 큰 바다를 미리 마지막 방울까지 남김없이 파헤치지 않고서는, 당신은 날조된 존재의 가정을 통해서는 해명할 수 없는 것을 설명할 권리를 부여받지 못하고, 아무것도 해명하지 못하는 설명을 통해 당신과 타인을 속이고 기만할 권리를 부여받지 못하며, 자연적이고, 물질적인 원인에 대한 당신의 무지를 그러한 원인에 대한 무지로 변형시키고, 당신의 우매함Ignoranz을 숭배하고, 인격화하고, 이러한 우매함을 제거할 하나의 존재로 대상화할 권리를 부여받지 못한다. 이것은 이러한 당신의 우매한 본성을, 실증적이고, 물질적인 설명근거의 결핍을 나타내줄 뿐이다. 물질적인, 신체적인, 자연적인, 우주적인 원인의 지적인 부재 Abwesenheit라는 정확한 표현과는 다르게, 당신이 당신에게 삶을 설명하

는 비물질적인, 비신체적이거나 자연적이지 않은, 세계적이지 않은 존재
는 도대체 무엇인가? 그러나 그 대신에 성실하고 겸손하게, 전적으로 다
음과 같이 말해야 한다. 나는 근거를 알지 못한다. 나는 나에게 자료, 재
료가 없기 때문에 설명할 수 없다. 당신은 당신 생각의 이러한 결핍, 이
러한 부정, 이러한 공허를 상상을 통해 실재적인 존재, 비물질적인 존재
들, 즉 물질적이지 않고, 자연적이지 않은 존재들인 그러한 존재들로 변
형시킨다. 왜냐하면 당신은 물질적인, 자연적인 원인들을 알지 못하기
때문이다. 그렇다고 해도 우매함은 비물질적인, 비신체적인, 자연적이지
않은 존재들에 만족한다. 그러나 우매함의 타고난 동반자, 즉 항상 오직
최고의, 대단한 그리고 지극히 높은 존재와 관계가 있는 풍부한 상상은
즉시 우매함이라는 이러한 불쌍한 피조물을 비물질적이고, 초자연적인
존재들의 수준으로 끌어올린다.

자연 자체, 세계 일반, 우주가 실제적인 시작을 갖고 있다는 생각, 따라서 예전에는 자연, 세계, 우주가 존재하지 않았다는 생각은 세계에 관한 편협하고 제한된 생각을 갖고 있는 곳에서 오로지 인간에게만 이해가 되는 생각이며, 의미 없고 어디에서도 못 들어 본 상상, 즉 일찍이 실재하지 않는 것의 상상이다. 왜냐하면 모든 실재성, 현실성의 총괄개념은 바로 세계 또는 자연이기 때문이다. 신을 대상적인, 현실적인 존재로 만드는 신에 대한 모든 성질들 또는 규정들 자체는 오직 자연을 추상화한, 자연을 전제하는, 자연을 나타내는 성질들일 뿐이다. 따라서 자연이 사라지면, 이러한 성질들도 사라진다. 물론 당신이 자연을 추상화하더라도, 당신이 생각 속에서 또는 상상 속에서 자연의 존재를 제거하더라도, 즉 당신 눈을 감아서 자연의 대상들에 대한 모든 특정한 감각적인 상들 Bilder을 당신 속에서 해체시키더라도, 따라서 자연을 감각적으로(철학자들이 말하듯이, 구체적으로) 생각하지 않더라도, 당신에게는 하나의 존재, 즉 무한성, 힘, 통일, 필연성, 영원과 같은 성질들의 총괄개념이 남아 있을 것이다. 그러나 모든 명백한 성질들과 현상들을 제거한 뒤에 남아 있는 이러한 존재는 자연을 제거한 존재 또는 추상적인, 생각 속의 자연 이외에 다른 것이 아니다. 그리고 따라서 이런 점에서 당신이 신으로부터 자연 또는 세계를 도출하는 것은 감각적인, 현실적인 자연의 존재를 자연의 추상적이고, 사유된, 오로지 생각 속에서만, 오로지 사유 속에서만 존재하는 존재로부터 도출하는 것 외에 다른 것이 아니다. 이러한 도출은 당신에게는 그렇기 때문에 합당한 것으로 나타난다. 왜냐하면 비록 실제로는 반대로 자연이 신보다 앞서는 것, 즉 구체적인 것이 추상적인 것보다 앞서고, 감각적인 것이 사유된 것보다 앞서는 것이지만, 당신은 항상 사유 속에서 사유에 가까이 있는 것으로서, 따라서 사유에 의해 고차원적인 것 그리고 앞서 있는 것으로서 추상적인 것, 보편적인 것을 개별적인 것, 현실적인 것, 구체적인 것에 전제하기 때문이다. 오로지 자연적으로 일어나는 현실 속에서 복사본은 원본을 모방하고, 그림은 사물을 모방하며, 사상은 대상을 모방한다. 그러나 신학이라는 초자연적이고, 기적의 영역에서는 원본이 복사본에 뒤따르고, 사물은 그림에 뒤따른다. 성자 아우구스티누스는 "이 세계가 존재하지 않았더라면 우리에게 알려질 수 없었을 것이고, 이 세계가 신을 알지 못했더라면 이 세계는 존재할 수 없을 것이라는 점은 놀랍지만, 사실이다"라고 말한다. 이것은 다음을 말한다. 세계는 그것이 실제로 있는 것보다도 더 이전에 의식되고 생각되어진다. 뿐만 아니라 세계는 오로지 생각되기 때문에 존재하며, 존재는 앎 또는 사유의 결과이고, 원본은 복사본의 결과Folge이며, 존재는 그림의 결과인 것이다.

25절

사람들이 세계 또는 자연을 추상적인 규정들로 환원한다면, 사람들이 세계 또는 자연을 형이상학적인 사물로, 따라서 단순한 사유물 Gedankending로 만든다면, 그리고 이러한 추상적인 세계를 이제 실제적인 세계로 받아들인다면, 그러한 세계 또는 자연을 유한한 것으로 생각하는 것은 논리적인 필연성이다. 세계는 우리에게 사유를 통해, 적어도 형이상학적이고 초물리적인hyperphysisch, 실제적인 세계를 추상화하는, 이러한 추상 속에서 그의 참되고, 최고의 존재를 정립하는 사유를 통해 주어지지는 않는다. 세계는 삶을 통해, 직관을 통해, 감각을 통해 우리에게 주어진다. 추상적인, 단지 사유하는 존재를 위해서는 어떠한 빛도 존재하지 않는다. 왜냐하면 그러한 존재는 결코 눈, 온기를 갖지 않기 때문이다. 그러한 존재는 감정을 갖지 않기 때문에, 어떠한 세계도 존재하지 않는다. 그러한 존재는 세계를 위한 어떠한 기관Organ도 갖지 않기 때문에, 그러한 존재는 결코 존재하지 않는다. 따라서 우리가 논리적이거나 형이상학적인 존재가 아니라는 점을 통해, 우리가 다른 존재라는 점, 즉 우리가 단지 논리학자나 형이상학자 이상이라는 점을 통해 세계가 우리에게 주어져 있다. 그러나 바로 이러한 장점Plus은 형이상학적인 사상가에게는 단점Minus으로, 사유의 이러한 부정은 절대적인 부정으로 나타난다. 자연은 형이상학적 사상가에게는 대립하는 것, "정신의 타자"일 뿐이다. 이러한 단지 부정적이고 추상적인 규정을 형이상학자는 자연의 적극적인 규정, 즉 자연의 본질로 만든다. 따라서 단지 사유의 부정이고, 하나의 사유된, 그러나 그 본성에 의해 감각적이고, 사유와 정신에 모순되는 사물 또는 아마도 기형적인 물건Unding을 적극적인 존재로 생각하는 것은 모순이다. 사유존재Denkwesen는 사상가에게는 참된 존재이다. 따라서 사유존재가 아닌 존재는 또한 참된, 영원한, 근원적인 존재가 아니라는 점이 그 자체로 이해된다. 단지 자기 자신의 타자를 생각하는 것은 정신에는 이미 모순이다. 정신이 오로지 자기 스스로 —사변의 입장에서— 또는 적어도 —유신론의 입장에서— 사유의 존재를 나타내는 존재를 사유한다면, 오직 사유를 통해 주어지는 존재, 따라서 그 자체로 오직, 적어도 수동적인 사유존재인 존재를 사유한다면, 정신은 오직 자신과 조화를 이루며, 오직 자신의 존재 속에만 있다. 그러면 자연은 무無 속으로 사라져 버린다. 그러나 자연은 존재할 수 없고 존재해서는 안 됨에도 불구하고 존재한다. 따라서 형이상학자는 이러한 자연의 존재를 어떻게 설명하는가? 그는 겉보기에는 자발적인, 그러나 실제로는 그의 가장 내적인 본질에 모순되는, 단지 강요된 정신의 자기포기Selbstentäußerung, 자기부정, 자기부인을 통해 설명한다. 그러나 자연이 추상적인 사유의 입장에서 무로 사라져 버린다면, 그 대신에 실제적인 세계조망의 입장에서는 이러한 세계를 창조하는 정신이 무로 사라져 버린다. 이러한 입장에서 신으로부터 세계의, 정신으로부터 자연의, 형이상학으로부터 물리학의, 추상적인 것으로부터 현실적인 것의 모든 연역은 논리적인 유희로서 증명된다.

26절

자연은 종교의 첫 번째 그리고 근본적인 대상이다. 그러나 자연종교에서처럼 자연이 종교적 숭배의 직접적인 대상인 곳에서 자연 그 자체는 우리가 자연을 유신론 또는 철학 그리고 자연과학의 입장에서 바라보는 그러한 방식에서의, 그러한 의미에서의 자연으로서의 대상이 아니다. 자연이 종교적인 시각으로 조망되어지는 바로 그곳에서 오히려 자연은 근원적으로 인간에게 그 자신인 바의 대상, 즉 인격적이고, 살아 있고, 자각하는 존재로서의 대상이다. 인간은 근본적으로 자연으로부터, 따라서 또한 자연은 인간으로부터 구분되지 않는다. 따라서 인간은 자연의 대상이 그를 자극하는 지각들을 대상 자체의 성질로 만들어 버린다. 선행을 하는, 선한 감정과 격정들Affekte은 자연의 선하고, 선행을 베푸는 존재를 초래하고, 나쁘고, 고통을 주는 지각들, 즉 더위, 차가움, 배고픔, 고통, 병은 나쁜 존재 또는 적어도 악, 악의, 분노의 상태에 있는 자연을 초래한다. 그렇게 인간은 본의 아니게 무의식적으로, 즉 필연적으로 —비록 이러한 필연성은 단지 상대적이고 역사적인 필연성이지만— 자연적 존재Naturwesen를 심정적 존재Gemütswesen로, 주관적인 존재로, 즉 인간적인 존재로 만들어 버린다. 또한 인간이 자연을 명백히 고의적으로 종교, 기도의 대상으로, 즉 인간의 심정, 인간의 요청, 인간의 봉사를 통해 규정 가능한 대상으로 만든다는 것은 결코 놀라운 일이 아니다. 인간은 말하자면 이미 그가 자연을 그의 심정의 것으로 만들어 버리고, 자신의 열정에 종속시킨다는 점을 통해 자연 자체를 고분고분하게willfährig 만들어 버린다. 미개한 원시인Naturmensch들은 자연에 단지 인간의 운동근거, 충동과 열정을 부가할 뿐만 아니라, 심지어 자연물에서 실제의 인간을 본다. 그와 같이 오레노코Orenoko의 인디언들은 태양, 달과 별을 인간으로 간주한다. 인디언들은 "하늘의 태양, 달과 별들"은 "우리와 같은 인간들이다"라고 말한다. 파타고니아인들Patagonier은 별들을 "옛날의 인디언들"로 간주하고, 그린란드인들은 태양, 달 그리고 별을 "특별한 기회에 하늘로 옮겨 간 그들의 선조들"로 간주한다. 그와 같이 또한 고대의 멕시코인들은 그들이 신으로 숭배한 태양과 달이 언젠가 인간이었다고 믿는다. 보라! 인간이 인간에게 가장 먼, 전혀 닮지 않은 사물들, 별들, 돌들, 나무들, 심지어 더욱이 가재의 집게, 달팽이집을 숭배하는 가장 조야하고, 저급한 부류의 종교들조차도 인간은 종교에서 오직 자기 자신에게만 관계하고, 그의 신은 오직 그 자신의 본질Wesen이라는 기독교의 본질에서 언급된 발언을 입증해 준다. 왜냐하면 인간은 자기 자신을 그것들 속으로 집어넣고, 그것들을 자기 자신의 본질로서 또는 적어도 그 자신인 것처럼 자기 자신의 본질에 의해 채워진 것으로 생각하기 때문에 인간은 그것들을 숭배한다. 종교는 독특하지만, 그러나 인간적인 본질이 종교에서 인간과 구분되는 것으로서, 인간적이지 않은 본질로서 나타나기 때문에, 그렇기 때문에 종교는 유신론적이거나 인간학적인 입장에서 인간적인 본질을 신적인 것으로 숭배하면서, 인간적인 본질이 종교에서 인간적이지 않은 본질로 나타나기 때문에, 그렇기 때문에 종교는 거꾸로 자연주의적인 입장에서는 인간적이지 않은 본질을 신적인 본질로 숭배하는 아주 명백한, 말하자면 필연적인 모순을 나타낸다.

27절

특히 대부분 인간에게서 자연에 대한 인간의 의존성을 느끼게 하는 현상 속에서의 자연의 가변성Veränderlichkeit은 왜 인간에게 자연이 인간적인, 자의적인 존재로서 나타나는지 그리고 인간에 의해 종교적으로 숭배되는지에 대한 주된 이유이다. 태양이 항상 하늘에 정지해 있다면, 태양은 결코 인간에게 종교적인 감정의 불을 붙이지 않았을 것이다. 비로소 태양이 인간의 눈앞에서 사라지고 밤의 두려움이 인간을 뒤덮으면, 그리고 그다음에 다시 하늘에 나타나면, 그때에야 비로소 인간은 태양 앞에서 무릎을 꿇고, 예기치 않은 태양의 귀환에 대한 기쁨에 사로잡히게 된다. 그와 같이 플로리다의 옛날 애팔래치아인들Apalachiten은 태양이 뜨고 질 때에 송가Lobgesang로 인사를 했으며, 동시에 태양이 적당한 시간에 다시 돌아와서 그들을 그 빛으로 만족시키기를 기원하였다. 대지Erde가 항상 열매를 맺는다면, 종교적인 파종의 축제와 수확의 축제를 할 이유가 어디에 있겠는가? 오직 대지가 그 품을 열자마자 곧바로 다시 닫히는 것을 통해서만 대지의 열매들이 자발적이고 감사해야 할 선물로서 나타난다. 자연의 변화만이 인간을 불확실하게, 겸손하게, 종교적으로 만든다. 내일 날씨가 나에게, 내 계획에 좋을지, 그렇지 않을지 내가 파종한 것을 내가 수확할 수 있을지 그렇지 않을지는 불확실하다. 따라서 나는 의무적인 세금Tribut이나 반드시 일어나는 귀결처럼 자연의 선물을 계산하거나 고집할 수는 없다. 하지만 수학적 확실성이 없어진 곳에서는 —오늘날에도 여전히 어리석은 사람들 속에서는— 신학이 시작된다. 종교는 —특수하고, 우연한 것 속에서— 자의적인 것, 자발적인 것으로서 필연적인 것을 직관하는 것이다. 그와 반대로 에우리피데스의 키클롭스Cyclops는 "대지는 원하든 원하지 않든, 내 가축의 무리들을 먹이기 위해 풀을 만들어 내야 한다"고 말하면서, 상반되는 신념Gesinnung, 즉 비종교성과 신이 없음Gottlosigkeit이라는 신념을 말한다.

28절

자연을 자율적으로 활동하는 인격적인 존재로서 생각하는 것과 결합된 자연에 대한 의존의 감정은 희생Opfer의 근거, 즉 자연종교의 본질적인 행동의 근거이다. 나는 자연에 대한 의존성을 특히 자연의 욕구 속에서 느낀다. 욕구는 자연 없이는 내가 존재하지 않는다는 감정이고 표현이다. 그러나 욕구로부터 만족Genuß, 상반된 감정, 나의 자기존재의 감정, 자연과 구분되는 나의 독자성의 감정을 구분할 수는 없다. 따라서 욕구는 신을 두려워하는 것, 겸손하고, 종교적인 것이다. 그러나 만족은 오만하며, 신을 망각하고, 무례하며, 경솔한 것이다. 그리고 만족의 이러한 경솔함이나 적어도 무례함은 인간을 위한 하나의 유용한 필연성, 즉 그의 실존이 근거로 삼고 있는 필연성이다. 하지만 이러한 필연성은 인간의 감각 속에서 생동감 있고, 이기적이며, 민감한 존재로서, 즉 인간처럼 어떤 것을 마음에 들어 하고 얻으려고 하지 않는 자연에 대한 인간의 이론적인 존경심과 직접적인 모순에 놓여 있다. 따라서 자연의 획득 또는 이용은 인간에게 마치 권리침해로서, 다른 사람의 소유물의 획득으로서, 범죄행위로서 나타난다. 그런 까닭에 인간의 양심과 그의 생각 속에서 감정이 상한 대상을 달래기 위해서, 그가 오만에서가 아니라 궁핍 때문에 그러한 대상을 빼앗았다는 것을 그에게 보여 주기 위해, 인간은 만족을 줄이고, 빼앗은 소유물 중에서 어떤 것을 그 대상에게 다시 돌려준다. 그래서 그리스인들은 어떤 나무가 베어 넘어지면, 나무의 영혼, 즉 드리아데Dryade가 탄식을 하면서 운명의 신에게 범죄자Frevler에 대한 복수를 구하였다고 믿었다. 그와 같이 어떤 로마인들도 자신의 경작지에서 이러한 작은 숲의 신 또는 여신에게 속죄하기 위해 어린 돼지를 봉헌하지 않고서는 감히 작은 숲의 주변을 베어 내려고 하지 않았다. 그렇게 오스티아크족들Ostiaken도 그들이 곰을 죽였을 때, 털가죽을 나무 위에 걸쳐 놓아, 곰에게 여러 가지로 예우를 표명하며 그들이 곰을 죽였다는 점에 대해 최선을 다해 곰에게 사죄하였다. "그들은 이를 통해 그들에게 이러한 동물의 정신이 끼치는 해를 정중한 방식으로 예방한다고 믿었다." 이와 같이 북아메리카의 부족들은 비슷한 세리머니를 통해 죽은 동물들의 넋과 화해하였다. 그처럼 우리의 선조들에게 엘호른Ellhorn은 성스러운 나무였는데, 그들이 그 나무를 베어야만 했을 때에 그들은 먼저 "엘호른 부인이시여 나에게 당신의 큰 가지에서 일부를 주시면 나는 숲속에서 자라나는 내 것의 일부를 당신에게 드리겠습니다"라고 기도를 하였다. 이와 같이 필리핀인들은 그들이 평지와 산 위로 여행하려고 할 때, 평지와 산들에게 동의를 구하였고, 오래된 어떤 나무를 베는 것을 범죄로 간주하였다. 그리고 브라만은 물을 마시거나 자신의 발로 땅을 밟으려고 하지 않았다. 왜냐하면 걸을 때마다, 물을 마실 때마다 식물들과 동물들이 고통을 당하며 죽을 수 있기 때문인데, 그런 까닭에 "그가 자신의 앎을 거슬러 밤이나 낮에 파괴하는 피조물들의 죽음과 화해하기 위하여 참회해야만 했었다."[9]

9   또한 자연을 더럽히지 않고 손상시키지 않기 위하여, 고대의 종교에서 인간이 자연을 거슬러서 고찰
     해야만 하는 많은 예의규칙들(Anstandsregeln)이 여기에 속한다. 예를 들면 아후라마즈다 숭배자는 땅을
     맨발로 밟아서는 안 되었는데, 왜냐하면 땅이 성스러운 것이었기 때문이며, 그리스인들은 손을 씻지
     않고서는 강을 건너지 않았다.

29절

종교의 전체 본질은 희생Opfer에서 구체화되고 집중된다. 희생의 근거는 의존감정 —두려움, 회의, 성공의 불확실성, 미래, 지은 죄에 대한 양심의 가책— 이다. 그러나 희생의 결과, 목적은 자존심, 즉 용기, 만족, 성공의 확신, 자유와 행복이다. 나는 자연의 노예로서 희생을 한다. 그러나 자연의 주인으로서 나는 희생과 결별한다. 따라서 자연에 대한 의존감정은 근거이기는 하지만, 그러나 이러한 의존성의 제거, 즉 자연으로부터의 자유가 종교의 목적이다. 또는 자연의 신성은 종교, 즉 모든 종교, 또한 기독교의 기반, 토대이지만, 인간의 신성은 종교의 최종 목적이다.

30절

    종교는 의욕과 능력Können, 욕구와 획득, 의도와 결과, 생각과 현실, 사유와 존재 사이의 대립 또는 모순을 그 전제로 갖고 있다. 인간은 욕구, 소망, 사유 속에서는 제약을 받지 않고, 자유롭고 전능하며 신이다. 그러나 능력 속에서, 획득 속에서, 현실 속에서는 제약을 받고, 의존적이며, 제한되며 인간, 즉 신에 대립하는 유한한 존재라는 의미에서의 인간이다. "인간은 사유하고 신은 조정한다." "인간은 계획하고 제우스는 그것을 다르게 완성한다." 사유, 의욕은 나의 것이다. 그러나 내가 의욕하고 사유하는 것은 나의 것이 아니라 내 밖의 것이고, 나에게 의존하지 않는다. 이러한 모순 또는 대립의 제거가 종교의 의도Tendenz, 목적이다. 그 안에서 모순이 제거되는 존재, 그 안에서 나의 소망과 생각에 의해 가능하지만 나의 힘에 의해 나에게는 불가능한 것이 가능하게 되거나 오히려 실제로 존재하는 그러한 존재는 바로 신적인 존재이다.

인간의 의지와 앎에 의존하는 것은 종교의 근원적이고 본래적이며, 특유의 문제, 즉 신의 문제이다. 사도 바울은 "나는 식물을 심었고, 아폴로는 물을 뿌렸지만, 신은 번영Gedeihen을 가져왔다. 그렇다면 이제 번영을 가져오는 것은 어떤 식물을 심거나 어떤 것에 물을 뿌리는 것이 아니라 신이다"라고 말한다. 그리고 루터는 "우리는 신이 씨앗을 자라게 한다는 점을 칭송하고 고마워해야만 하며, 그것이 우리의 노동이 아니라, 신의 축복이나 신의 선물이라는 점, 씨앗과 포도주와 모든 종류의 과일들이 자라고, 이것으로 우리가 먹고 마시고 모든 필수품을 얻는다는 점을 알아야만 한다"고 말한다. 그리고 헤시오도스는 제우스가 좋은 결말을 보증할 때 부지런한 농부가 풍요롭게 수확하게 된다고 말한다. 따라서 밭을 갈고, 씨앗을 파종하고 물을 주는 것은 나에게 달려 있지만, 번영은 그렇지 않다. 번영은 신의 손에 달려 있다. 그렇기 때문에 모든 것은 신의 축복에 놓여 있다"라고 말해진다. 그러나 신은 무엇인가? 근본적으로 자연 또는 자연의 본질, 그러나 기도의 대상, 관대하고, 따라서 의욕하는 존재 외에 다른 것이 아니다. 제우스는 기상학적인 자연현상들의 원인 또는 본질이다. 그러나 그 속에는 아직 그의 신적인, 그의 종교적인 특성이 놓여 있지 않다. 또한 종교적이지 않은 사람도 비, 뇌우, 눈의 원인을 믿는다. 그가 기상학적인 자연현상들의 주인이라는 점, 이러한 자연의 작용들이 그의 판단Gutdünken에 의존하고 그의 의지작용이라는 점을 통해 그리고 그 점에서 제우스는 비로소 신인 것이다. 따라서 인간의 의지에 의존하지 않는 것은 종교를 대상의 측면에서는(객관적으로) 신의 의지에 의존하게 하지만, 그러나 인간의 측면에서는(주관적으로) 기도에 의존하게 한다. 왜냐하면 의지에 의존하는 것은 기도의 대상, 어떤 변경할 수 있는 것, 관대한 것이기 때문이다. "신들 자신은 부리기 쉽다. 죽을 자들 Sterblicher은 향을 피우는 것과 겸손한 맹세Gelübde를 통해, 포도주 따르기 Weinguss와 향내Gedüft를 통해 신들을 조정할 수 있다."

32절

　종교의 대상은, 적어도 인간이 언젠가 무제한적인 선택의 자유, 본래적인 물신숭배Fetischismus의 당혹감과 우연성을 넘어 고양된 곳에서는 오직 또는 특히 인간의 목적과 욕구의 대상인 바의 것이다. 인간에게 가장 필수적인 자연존재는 바로 그렇기 때문에 또한 가장 보편적이고 탁월한 종교적인 숭배를 받는다. 그러나 인간의 욕구와 목적의 대상은 그와 동시에 또한 인간의 소원들의 대상이다. 내 씨앗이 번성하려면, 비와 햇빛이 나에게 절실하다. 따라서 나는 지속되는 가뭄에 비를 원하고, 지속되는 비에는 햇빛을 원한다. 소원은 항상 그 자체로는 아니지만, 그러나 이 순간에, 이 상황에서, 이러한 관계 속에서, 또한 절대적이지는 않지만, 그러나 인간이 종교의 입장에서 원하듯이 그렇게 그것의 충족을 내 마음대로 할 수 없는 하나의 갈망이며, 관철시킬 수 있는 힘이 없는 하나의 의지이다. 하지만 나의 신체, 나의 힘 일반이 할 수 없는 그것을 바로 소원, 그것은 할 수 있다. 나는 내가 요구하고, 원하는 것을 나의 소원을 통해 마법을 걸고 감격시킨다.[10] 격정Affekt 속에서 —종교는 오로지 격정 속에, 감정 속에 뿌리내리고 있는데— 인간은 자신의 본질Wesen을 자기

10　소망한다는 것은 옛날의(독일) 언어로는 마법을 쓰다(zaubern)를 의미한다.

밖에다 두고, 생명이 없는 것을 살아 있는 것으로, 자의적이지 않은 것을 자의적인 것으로 취급하고, 대상을 자신의 탄식Seufzer으로 불어넣는다. 왜냐하면 격정 속에서 무감각한 존재에게 도움을 청하는 것은 그에게는 불가능하기 때문이다. 감정은 오성이 지도하는 정신적 균형 속에서 머물러 있을 수 없다. 감정은 인간에게서 솟구친다. 감정이 인간의 가슴에 있기에는 너무 좁다. 감정은 외부세계로 옮겨져야만 하고, 그리고 그것을 통해 자연의 무감각한 존재를 공감하는 존재로 만들어야만 한다. 인간의 감정에 의해서 매혹당한, 감정에 상응하고 동화된, 따라서 스스로 감정적인 자연은, 종교의 대상인 자연, 즉 신적인 존재이다. 소원은 종교의 근원이고, 종교의 본질 자체이다. 신의 본질Wesen은 소원의 본질 외에 다른 것이 아니다.[11] 신들은 초인적이고 초자연적인 본질이다. 그러나 소원도 또한 초인간적이고 초자연적인 본질이 아닌가? 예를 들면, 내가 불멸하는, 지상의 육체의 속박에서 벗어난 존재이고자 원할 때에, 나는 나의 소원 속에서 그리고 나의 환상 속에서 여전히 한 인간인가? 아니다! 소원들을 갖고 있지 않은 사람은 또한 신들을 갖고 있지 않다. 그리스인들

---

11 신들은 축복(Segen)을 주는 존재이다. 축복은 성공이고, 열매이며, 나에게 의존하지 않는, 그러나 내가 소망했던 어떤 행동의 목적이다. 루터는 "축복은 본래 좋은 어떤 것을 소망하는 것이다"라고 말한다. "우리가 축복을 받는다면, 우리는 더 이상 아무것도 실행하지 않을 것이다. 왜냐하면 우리가 좋은 것을 소망하지만, 그것은 우리가 원하는 것을 줄 수 없기 때문이다. 하지만 신의 축복은 더 크게 울리고 곧바로 힘을 지닌다." 즉 인간들은 소망하는 존재들이고, 신들은 소망을 실현해 주는 존재들이다. 이처럼 평범한 삶에서조차도 그러한 표현은 수없이 많다. 신은 소원의 표현 외에 다른 것이 아니다. 신이 당신에게 아이를 준다는 표현에서의 소원은 객관적이고, 그렇기 때문에 종교적이고, 아우구스티누스적이지만, 나는 당신에게서 아이를 원한다는 표현에서의 소원은 주관적이고, 종교적이지 않으며, 펠라기우스적이다.

은 왜 그렇게 신들의 불멸성과 축복을 강조하였는가? 왜냐하면 그들은 죽지 않기를 그리고 불행해지지 않기를 원했기 때문이다. 당신이 인간의 죽어야 할 운명과 불행에 대한 비가Klagelieder를 인지하지 못하는 곳에서는, 당신은 또한 불멸하고 복된 신들에 대한 찬미가를 들을 수 없다. 가슴의 눈물만이 상상 속의 천국에서 신적인 존재라는 가상Wolkengebild으로 발산한다. 호메로스는 오케아노스의 큰 강Weltstrom으로부터 신들을 도출하였다. 그러나 이러한 신의 나라의 강은 실제로는 단지 인간적인 감정의 분출Erguss일 뿐이다.

33절

    종교의 비종교적인 현상들은 가장 잘 알려진 것에서 종교의 기원과 본질을 드러낸다. 인간이 대체로 오직 불행 속에서 종교에 호소하고, 신에게 도움을 청하며 신을 생각한다는 점은 종교의 비종교적인 현상이며, 바로 그렇기 때문에 이미 독실한 이교도의 쓰라린 질책에 의해 언급된 종교의 현상이다. 그러나 바로 이러한 현상이 우리를 종교 자체의 기원으로 이끈다. 불행 속에서, 곤경Not에서, 이러한 곤경이 그의 고유한 곤경이든지 또는 다른 사람의 곤경이든지, 인간은 자신이 원하는 것을 자신이 할 수 없다는, 자신의 손이 묶여 있다는 고통스러운 경험을 한다. 그러나 운동신경의 마비는 동시에 지각신경의 마비가 아니며, 내 신체의 힘의 속박은 또한 동시에 내 의지의, 내 가슴의 속박이 아니다. 반대로, 내 손이 묶여 있을수록, 나의 소원은 더욱더 묶여 있지 않고, 구원을 향한 나의 동경은 더욱더 강렬해지며, 나의 의지가 제한되지 않으려는 자유를 향한 나의 충동은 더욱더 활동적이게 된다. 곤경의 힘에 의해 가장 높은 정도로 고무되고, 지나치게 흥분된 인간의 마음이나 의지의 초인적인 힘은 신들의 힘이며, 이러한 신들의 힘에 대해서는 곤경이나 제약이 존재하지 않는다. 신들은 인간이 원하는 것을 할 수 있다. 즉 신들은 인간의 마음의 법칙들을 실현한다. 인간에게서 정신적으로만 존재하는 것이 신들에게서는 물질적으로 존재한다. 신들은 인간이, 예를 들면 지금 먼 장소에 있는 것을 오직 의지 속에서만, 오직 상상 속에서만, 오직 마음속에서만, 따라서 오직 정신적으로 할 수 있는 것을 물질적으로 할 수 있다. 신들은 살이 입히고, 구체화된 인간의 소원들이며, 인간의 마음과 의지가 폐기된 자연의 한계들이며, 제약되지 않은 의지의 본질이며, 그 신체적 힘이 의지의 힘들과 동일한 존재이다. 눈에 띄는 방법으로 인간의 단순한 의지가 자연을 지배하는 신이 되기 때문에, 종교의 이러한 초자연적인 힘이라는 비종교적인 현상은 원시적인 민족의 마법이다. 그러나 이스라엘인의 신이 여호수아의 기도로 태양을 멈추도록 했을 때, 엘리아의 기도로 비가 내리게 했을 때, 기독교인들의 신이 자신의 신성, 즉 인간의 모든 소원을 채워 줄 수 있는 자신의 힘을 증명하려고 그의 단순한 말을 통해 폭풍우가 몰아치는 바다를 진정시키고, 병자들을 치유하며, 죽은 사람을 깨어나게 할 때, 마법에서와 똑같이 여기에서는 단순한 의지, 단순한 소원, 단순한 말이 자연을 지배하는 힘으로 나타난다. 차이는 오로지 마법사가 종교의 목적을 비종교적인 방식으로, 유대인, 기독교인은 종교적인 방식으로 실현한다는 점일 뿐이다. 전자는 후자가 신 속으로 옮겨 놓는 것을 자신 속으로 옮기고, 전자는 후자가 고요하고, 순응하는 의지의 대상으로, 경건한fromm 소원의 대상으로 삼는 것을 명확한 의지의 대상으로 삼고, 간단히 말하자면 전자는 후자가 신을 통해 그리고 신과 함께 행하는 것을 자신을 통해 그리고 자신을 위해 행한다. 그러나 어떤 한 사람이 다른 사람을 통해 한 것이, 그 사람에게는 자신의 행위로 간주된다는 세속적인 격언Spruch은 여기에서 또한 다음과 같이 적용된다. 신을 통해 행해진 어떤 것은 실제로는 그 자신이 한 것이다.

34절

종교는 —적어도 근원적으로 그리고 자연과 관계해서는— 자연의 대중적이지 않고 엄청난 존재를, 알려진 익숙한 존재로 변화시키는 것, 즉 자기 자신에게 완고하고, 확고한 자연을 가슴의 격정Glut 속에서 인간의 목적을 위해 부드럽게 하는 것 외에 다른 과제나 경향Tendenz을 갖고 있지 않다. 따라서 종교는 교육이나 문화와 동일한 목적을 갖는데, 교육 또는 문화의 경향은 바로 자연을 또한 이론적으로는 이해할 수 있는 것으로, 실천적으로는 고분고분하고 인간의 욕구에 상응하는 존재로 만드는 것 외에 다른 것이 아니다. 오로지 차이는 문화가 수단을 통해, 즉 자연 자체를 바탕으로 하는 수단을 통해 이를 성취한다면, 종교는 수단 없이 또는 서로 하나인 기도, 믿음, 성찬, 마법이라는 초자연적인 수단을 통해 성취한다는 점이다. 따라서 인류문화의 진행 속에서 교육, 자발성, 인간학의 문제가 되었던 모든 것은, 예를 들면 법학(종교재판, 관대법Bahrrecht, 게르만의 법신탁), 정치학(그리스의 신탁), 오늘날에도 여전히 원시적인 민족들에게는 종교의 문제인 약학처럼, 원래는 종교 또는 신학의 문제였다.[12]

---

12 따라서 원시시대와 원시민족에게서 종교는 인류의 교육수단이었지만, 그러나 교양의 시대에 종교는 야만스럽고, 고풍스러운 문제를 대변한다. 종교는 교양의 적이다.

물론 문화는 항상 종교의 소원들 뒤에 머물러 있었다. 왜냐하면 문화는 인간의 본질 속에 근거한 한계를 제거할 수 없기 때문이다. 이처럼 문화는, 예를 들면 장수법Makrobiotik을 제공하지만, 결코 불멸성을 제공하지는 않는다. 이러한 불멸성은 종교의 무절제하고, 실현할 수 없는 소원으로 남아 있다.

35절

　자연종교에서 인간은 하나의 대상에게 도움을 청하는데, 이러한 대상은 바로 종교의 본래적인 의지와 의미Sinn에 모순된다. 왜냐하면 여기에서 인간은 그의 감정들을 그 자체로 냉정한 존재에, 그의 오성을 그 자체로 오성이 없는 존재에 제물로 바치기 때문이다. 인간은 자신이 자기 아래에 두고 싶은 것을 자기 위에다 놓고, 자신이 지배하고자 하는 것에 봉사하며, 자신이 근본적으로 혐오하는 것을 숭배하며, 하필이면 자신이 도움을 주어야 할 것에게 도움을 청한다. 그처럼 그리스인들은 거인족의 분노를 가라앉히기 위해 그들에게 서양메꽃Winde을 바쳤고, 그와 같이 로마인들은 열병Fieber이 해롭지 않도록 하기 위해, 사원Tempel을 열병에게 봉헌하였다. 그와 같이 퉁구스인들은 전염병Epidemie이 도래했을 때 엄숙하고 격식을 차린 절을 통해 질병이 그들의 둥근 천막을 지나가도록 부탁하였다(팔라스). 그처럼 기니Guine의 비다헤르인들Widaher은 폭풍우 치는 바다에, 고요해지고 그들이 고기 잡는 것을 방해하지 않도록 제물을 바쳤고, 그렇게 인디언들은 폭풍과 뇌우가 접근할 때 공기의 마니토(정령, 신, 본질)에게, 물을 건널 때에는 큰 강의 마니토에게, 그가 그들로 하여금 모든 위험을 피할 수 있게 하도록 도움을 청하였다. 이와 같이 대개 많은 민족들은 분명히 좋은 것이 아니라 나쁜 것, 즉 적어도 그들에게 나쁜 것으로 나타나는 자연의 존재를 숭배하였다.[13] 자연종교에서 인간은 조각상Bildsäule에서, 시체에서 자신의 사랑을 고백하였다. 따라서 인간이, 경청하게 하기 위해 가장 절망적이고, 가장 어리석은 방법으로 호소한다는 것, 인간이 자연을 인간적으로 만들기 위해, 인간성을 잃었다는 것, 자연에게 인간의 감정을 수혈하기 위해서 인간 스스로 인간의 피를 흘린다는 것은 놀라운 일이 아니다. 그래서 북게르만인들은, "피를 제물로 바치는 것은 무뚝뚝한 우상들에게 인간의 언어와 감정을, 마찬가지로 피를 제물로 바치는 집에서 숭배된 돌들에게 말하는 능력과 신탁을 수여하는 재능을 줄 수 있다"는 것을 단호하게 믿었다. 그러나 생기를 불어넣으려는 모든 시도는 소용이 없었다. 자연은 인간의 탄식이나 물음에 답하지 않는다. 자연은 냉엄하게 인간을 자기 자신으로 도로 던져 버린다.

---

13 또한 여기에는 해로운 동물의 숭배도 속한다.

36절

인간이 종교의 입장에서 한계로서 생각하고 느끼는 한계들 또는 적어도 그러한 한계들은, 예를 들면 인간이 미래의 것을 알지 못하고, 영원히 살지 못하며, 끊임없이 그리고 고통 없이 행복할 수 없고, 병 없는 육체를 가질 수 없으며, 신들처럼 날아다닐 수 없고, 여호수아처럼 천둥을 치게 할 수 없으며, 자신의 모습을 임의로 크게 하거나 숨길 수 없고, 천사처럼 감각적 욕구와 충동 없이 살 수 없는, 간단히 말하자면 인간이 하고자 하거나 원하는 것을 할 수 없는 한계들은 그러한 한계들이 필연적으로 존재 속에 근거하고 있기 때문에, 단지 오로지 생각과 상상에 대한 한계일 뿐이지 실제로는 한계가 아니듯이, 그렇게 또한 이러한 한계에서 자유로운 존재, 즉 제약되지 않은 신적인 존재는 단지 표상, 상상과 그리고 상상에 의해 지배되는 감정이나 심정의 존재일 뿐이다. 따라서 또한 항상 종교의 대상은, 그것이 달팽이집 또는 조약돌일지라도, 종교에서는 오직 심정, 생각, 상상의 존재로서의 대상일 뿐이다. 이 점에서 그 주장은 인간들이 돌, 동물, 나무, 강 자체가 아니라 단지 이들 속에 있는 신들, 마니토들Mannitus, 이들의 정령Geister만을 숭배한다는 점에 그 근거를 갖고 있다. 그러나 마치 죽은 사람들의 정령들이 기억으로부터 사라지지 않은 죽은 사람에 대한 표상과 상징들 외에 다른 것이 아닌 것처럼, 자연물의 이러한 정령들은 자연물의 표상들Vorstellungen, 상징들Bilder 외의 다른 것이 아니거나 또는 표상된 존재로서, 상상력의 존재로서 이러한 정령들은 실제적이고, 감각적인 존재로서의 자연물과는 구분된다. 그러나 죽은 사람에 대한 표상과 상징들은 종교적인, 즉 대상과 대상에 관한 표상 사이를 구분하지 않는 미개한ungebildet 인간에게는 실제적이고, 그 자체로 있는 존재로 여겨지는 표상된 존재로서의 실제적인 존재이다. 따라서 종교에서의 인간의 악의 없는, 무의식적인 자기기만은 자연종교에서는 하나의 분명한, 명백한 사실이다. 왜냐하면 여기에서 인간은 그의 종교적인 대상들에게 눈과 귀를 달아 주고, 이러한 눈과 귀가 인위적인, 돌처럼 차갑고 어설픈 눈과 귀들이라는 점을 알고 목격하지만, 그러나 그것이 실제적인 눈과 귀라고 믿기 때문이다. 이처럼 인간은 종교에서 보지 않기 위해, 완전히 눈이 멀기 위해 눈을 가지며, 사유하지 않기 위해, 매우 아둔하고 어리석어지기 위해 이성을 가진다. 자연종교는 표상과 현실성, 상상과 사실 사이의 명백한 모순이다. 현실에서 죽은 돌이나 통나무는 자연종교의 표상 속에서는 살아 있는 존재이며, 가시적으로는 신이 아니라 완전히 다른 어떤 것이지만, 비가시적으로는, 즉 신앙에 의해서는 하나의 신이다. 그렇기 때문에 또한 자연종교는 쓰라리게 실망하게 되는 위험에 항상 놓여 있다. 왜냐하면 자연종교를, 예를 들면 설득시키기 위해서는 어떠한 피도 그들이 숭배하는 나무들로부터 흘러나오지 않고, 따라서 그러한 나무들 속에는 어떠한 생명력 있는 신적인 존재가 살지 않는다는 점이 도끼의 일격Axthieb으로서 필요하기 때문이다. 그러나 이제 종교는 종교가 자연의 숭배 속에서 내놓는 이러한 중대한 모순과 실망으로부터 어떻게 벗어나는가? 오로지 종교가 그의 대상 자체를 비가시적인, 비감각적인 것, 즉 단지 신앙, 표상, 환상Phantasie, 간단히 정령의 대상으로, 따라서 그 자체로 정신적인 존재인 그러한 존재로 만드는 것을 통해서만 벗어날 수 있다.

37절

인간이 단지 물질적인 존재로부터 정치적인, 즉 자연과 구분되는 존재 그리고 자기 자신에게 집중하는 존재가 되듯이, 또한 신은 단지 물질적인 존재로부터 정치적인 존재, 즉 자연과 구분되는 존재가 된다. 인간은 자신의 존재를 자연과 구분하기 위해 그리고 따라서 자연과 구분되는 신이 되기 위해 오직 다른 인간과의 연합을 통해 하나의 공동체 Gemeinwesen가 된다. 이러한 공동체에서 자연의 힘들과 구분되는, 오직 사유 속에서 또는 표상 속에서만 존재하는 힘들, 정치적이고 도덕적이고 추상적인 힘들, 법, 여론,[14] 명예, 덕의 힘들은 그의 의식과 의존감정의 대상이 되고, 인간의 물질적인 존재는 그의 인간적인, 시민적인 또는 도덕적인 존재에 종속되고, 자연의 힘, 죽음과 삶에 대한 힘은 정치적이거나 또는 도덕적인 힘의 속성과 도구로 과소평가된다. 제우스는 번개와 천둥의 신이지만, 그는 이러한 두려운 무기를 오직 그의 명령을 위반하는 자, 위증자, 폭력적인 자를 때려눕히기 위해서 손에 쥐고 있다. 제우스는 왕들의 아버지이고, "왕들은 제우스에 의해서 존재한다." 따라서 제우스는

---

14   헤시오도스에게서는 분명히 Pheme(호소, 소문, 여론)도 또한 신(Gottheit)이다.

번개와 천둥으로 왕[15]의 힘과 위엄을 지원한다. 법전에서 말하기를 "왕은 태양처럼 눈과 심장을 태워 버리고, 그렇기 때문에 지상의 어떤 인간 피조물도 전혀 그를 바라볼 수 없다. 왕은 불이고 공기이며, 그는 태양이고 달이며, 그는 고통스러운 법의 신이다. 불은 단지, 경솔하게 그에게 너무 가까이 다가간 유일한 것만을 먹어 치우지만, 왕의 불은 만약 그가 화가 났다면, 가족 전체를 그들의 가축과 물건들과 함께 불태워 버릴 것이다. … 왕의 용기 속에는 정복이 거주하고 그의 분노 속에는 죽음이 거주한다." 이와 같이 이스라엘인들의 신은 자신의 선택받은 자들에게 "그들이 살고 싶어 하고 그들이 행복해지고 땅 위에서 오래 살도록" 그들에게 요구한 모든 방식으로 살아갈 것을 번개와 천둥으로 명령하였다. 그와 같이 자연 그 자체의 힘과 자연에 대한 의존감정은 정치적이거나 도덕적인 힘 앞에서 사라진다! 입맛을 다시는 타타르인Tarter 같은 자연의 노예가 매일 태양에게 "나를 죽이지 마십시오"라고 기도하듯이, 태양의 광채가 그렇게 자연의 노예를 현혹하는 반면, 그와 반대로 왕과 같은 위엄의 광채는, 정치적인 노예가 죽음과 삶을 지배하는 힘 때문에 신적인 위엄인 왕과 같은 위엄 앞에서 무릎을 꿇듯이, 그렇게 정치적인 노예를 현혹

15 그렇다고 해도 근원적인 왕들은 합법적인 왕들과는 구분되어야 한다. 합법적인 왕들은, 예외적인 경우를 제외한다면, 일상적인 개인들, 자기 스스로에 대해 중요하지 않은 개인들이지만, 근원적인 왕들은 예외적인, 탁월한 역사적인 개인들이었다. 따라서 탁월한 인간들의 신격화는, 특히 그들이 죽은 뒤에, 비록 탁월한 인간들의 신격화가 또한 자연숭배와 동시에 행해질 수 있음에도 불구하고, 본래적인 자연적인 종교에서 신화적이고 인간학적인 종교로의 가장 자연스러운 과도기 단계이다. 게다가 탁월한 인간들을 신으로서 숭배하는 것은 단지 환상적인 시대에만 해당되지는 않는다. 그래서 스웨덴 사람들은 기독교시대에도 여전히 그들의 왕 에리히(Erich)를 신격화하였고 그가 죽은 뒤에도 제물을 바쳤다.

한다. 로마 황제의 한 칭호는 기독교인들 사이에서 여전히 "당신들의 신(Euere Gottheit)", "당신들의 영원(Euere Ewigkeit)"이었다. 심지어 오늘날에조차 기독교인들에게서 존엄과 위엄Majestät은 여전히 신성의 칭호와 성질이며, 왕들의 칭호와 성질이다. 기독교인들은 왕이 단지 지상에서의 신의 대변자이며, 신은 왕들의 왕이라는 생각으로 이러한 정치적인 우상숭배에 대해 변명한다. 그러나 이러한 변명은 단지 자기기만일 뿐이다. 왕의 힘은 극도로 민감하고 직접적이며, 감각적이고 스스로를 대변하는 힘이며, 왕의 힘이 간접적이고, 표상된 힘이라는 점을 제쳐 두고서라도, 왕과 같은königlich 존재가 인간에게 가장 최고의 존재로 통용되듯이, 신은 그렇게 인간을 정복하고 규정하며 지배하는 곳에서만 오로지 세계의 지배자Regent, 위엄 있는 존재 또는 특히 정치적인 존재로 규정되고 간주된다. 마누는 "태초에 브라흐만은 자신이 사용하려고, 순수한 빛으로 된 몸을 지닌 처벌의 수호신을 자기 자신의 아들로서, 고통스러운 정의의 원조Urheber로서, 창조된 모든 사물들의 보호자로서 만들었다"라고 말한다. 처벌에 대한 공포 때문에 이 우주는 행복을 누리는 상태에 있다. 그래서 인간 자신은 그 형법의 처벌을 신적이고 세계를 지배하는 힘들로, 형법법전을 우주의 질서로, 범죄법전을 자연의 법전으로 만든다. 인간이 자연을 자신의 정치적인 고통과 열정의 가장 호의적인 부분으로 받아들이게 하는 점, 심지어 세계의 존립Bestand조차도 위엄 있는 통치권이나 교황이라는 자리의 존립에 의존하게 만드는 점은 놀라운 일이 아니다. 인간에게 중요한 것은 당연히 다른 모든 존재에게도 중요한 것이고, 그의 눈을 어둡게 하는 것은 또한 태양의 광채를 어둡게 하며, 그의 심장을 움직이게 하는 것은 또한 하늘과 땅을 움직이게 한다. 그러한 존재는 인간에게는 보편적인 존재, 세계의 본질, 존재의 본질이다.

동양이 서양처럼 그렇게 활동적이고, 진보적인 역사를 갖고 있지 않다는 사실은 어디에서 유래하는가? 동양에서는 인간이 인간에게 정신이 팔려 자연을, 인간의 눈의 광채에 정신이 팔려 별과 보석의 광채를, 수사적인 "번개와 천둥"에 정신이 팔려 기상학적인 번개와 천둥을, 일상적인 사건의 진행에 정신이 팔려 태양과 천체의 진행을, 유행의 변화에 정신이 팔려 계절의 변화를 망각하지 않기 때문이다. 동양인은 왕과 같은, 정치적인 힘과 위엄의 광채에 엎드리지만, 그러나 이러한 광채 자체는 단지 태양과 달의 반사광일 뿐이다. 왕은 동양인에게서는 지상적이고, 인간적인 존재가 아니라 천상의, 신적인 존재로서의 대상이다. 하지만 신 옆에서 인간은 사라진다. 지구에서 신에 대한 믿음이 없어지고, 신들이 하늘로 올라가고, 현실적인 존재에서 단지 표상된 존재가 될 때에야 비로소, 사람들은 자신들을 위한 자리와 공간을 가지고, 그때에야 비로소 그들은 수줍어하지 않고 인간으로 자신을 보여 줄 수 있고 내세울 수 있다. 서양인에 대한 동양인의 관계는 도시 사람에 대한 시골 사람의 관계와 같다. 동양인은 자연에 의존하지만, 서양인은 인간에 의존하며, 동양인은 기압계Barometer의 상태에 따르지만, 서양인은 서류의 상태에 따르며, 동양인은 항상 동일하게 머무는 12궁Tierkreis을 따르지만, 서양인은 항상 변화하는 명예, 유행과 여론의 표시를 따른다. 그렇기 때문에 오로지 도시 사람만이 역사를 만든다. 오직 인간의 "허영심"이 역사의 원리이다. 오직 자연의 힘을 여론의 힘에, 자신의 삶을 자신의 이름에, 육체적인 자신의 말 속에서의 실존에 그리고 후세Nachwelt의 의미에서의 자신의 실존에 제물로 바치려 하는 사람, 오직 그런 사람만이 역사적인 행동을 할 능력이 있다.

39절

아테나이우스Athenäus에 따르면 그리스의 희극 작가 아낙산드리데스 Anaxandrides는 이집트인들에게 연설을 한다. "나는 당신들의 사회에서 쓸모가 없으며, 우리의 관습과 법률들이 일치하지 않으며, 당신들은 내가 신들에게 제물로 바치는 황소에게 기도한다. 당신들에게 장어Aal는 위대한 신이지만, 나에게는 맛있는 것이며, 당신들은 돼지고기를 꺼려 하지만 나는 그것을 기꺼이 맛있게 먹으며, 음식물을 빼앗아 먹으면 내가 때리는 개를 당신들은 존경한다. 당신들은 고양이가 잘못되면 깜짝 놀라지만, 나는 즐거워하고 털가죽을 벗기며, 당신들은 뾰족뒤쥐Spitzmaus로 무엇인가를 만들지만, 나는 그렇지 않다." 이러한 연설은 자연에 대한 고정된 견해와 고정되지 않은 견해, 즉 종교적인 견해와 비종교적인, 자유로운 인간적인 견해 사이의 대립을 탁월하게 특징지어 준다. 그곳에서는 자연이 숭배의 대상이지만, 여기에서는 만족의 대상이며, 그곳에서는 인간이 자연을 위해 존재하지만, 여기에서는 자연이 인간을 위하여 존재하고, 그곳에서는 자연이 목적이지만, 여기에서는 수단이 되며, 그곳에서는 자연이 인간을 넘어서 있지만, 여기에서는 인간에게 종속된다.[16] 그곳

---

16 나는 『기독교의 본질』에서는 그리스인들을 이스라엘인들과 대립시킨 반면, 여기에서는 그리스인들

에서는 바로 그렇기 때문에 인간은 탈중심적이고, 자기의 밖에 있으며, 인간으로 하여금 단지 자기 자신을 참조하도록 지시하는 자신의 규정의 범위 밖에 있지만, 반대로 여기에서는 사려 깊고, 절제하며, 자신을 자각하고 있다. 그곳에서는 결과적으로 인간이 자신의 자연종교적인 겸손을 증명하기 위해 동물과 짝짓기까지 하며 자신을 낮춘다(헤로도토스). 반대로 여기에서 인간은 그의 힘과 위엄을 완전히 느끼면서 신들과 섞여, 심지어 하늘의 신들에게서도 인간의 피 외에는 어떤 것도 흐르지 않는다는 점을 증명한다. 독특한 영적인ätherisch 신들의 피는 실제로는, 실질적으로는 단지 설득력이 없는 시적인 표상일 뿐이다.

을 이스라엘인들과 동일한 입장에 둔다. 얼마나 모순적인가! 결코 그렇지 않다. 비교되고, 동일하지 않은 사물들은 제3의 것에 대해서는 일치한다. 게다가 미적인, 이론적인 만족은 특히 또한 자연(Natur)의 만족에 속한다.

40절

　세계, 즉 자연이 인간에게 나타나듯이, 그렇게 자연은 인간에게 그의 표상에 따라 존재한다. 인간의 감정, 인간의 표상은 인간에게 직접적이고 무의식으로 진리와 현실성의 척도이며, 자연은 인간에게 인간 자신인 것처럼 그렇게 나타난다. 태양과 달, 하늘과 땅, 불과 물, 식물과 동물을 무시하고 인간의 삶을 위해서 자신의 힘을 사용하는 것이, 그러니까 자신의 힘을 올바르게 사용하는 것이 필수적이라는 점, "죽을 자들은 신들에게 맞서서 신들 자신이 어리석게 또한 운명에 반하여 불행을 만들었다고 부당하게 불평을 털어놓는다"는 점, 덕과 지혜, 건강, 삶과 행운 대신에 죄악과 어리석음, 병, 불행, 죽음이 수반된다는 점, 그 결과 인간의 운명을 규정하는 힘은 오성Verstand과 의지라는 점을 인간이 의식하게 되듯이, 따라서 인간이 더 이상 야만인처럼 순간적인 인상들과 격정들의 우연에 의해 지배되는 존재가 아니라, 원칙들, 지혜의 규율들, 이성법칙들을 통해 스스로 규정하는 존재, 사유하는 지적인 존재가 되듯이, 인간에게 자연, 세계는 오성과 의지에 의존하는 특정한 존재이며 그렇게 나타난다.

41절

인간이 의지와 오성을 통해 자연을 넘어서 초자연주의자가 되는 곳에서는 신은 또한 초자연적인 존재가 된다. 인간이 강의 물고기와 하늘 아래의 새들 그리고 가축과 전체 지구와 땅 위를 기어가는 모든 벌레들의 주인인 체하는 곳에서는 인간에게 자연에 대한 지배는 최고의 표상, 최고의 존재, 인간의 숭배와 종교의 대상, 따라서 자연의 주인이고 창조자이다. 왜냐하면 정확히 말해서 지배의 필연적인 결과 또는 전제는 창조이기 때문이다. 자연의 주인인 동시에 자연의 창조자가 아니라면, 자연은 그의 근원과 존재에 관해 창조자에게 의존하지 않으며, 창조자의 힘은 제한적이고 부족한 게 될 것이다. 왜냐하면 창조자가 자연을 만들 수 있었다고 한다면, 그는 왜 자연을 만들지 말아야 했는가? 자연에 대한 창조자의 지배는 물려받은, 정당한 지배가 아니라 단지 찬탈한 지배일 뿐이다. 오직 내가 생산하는 것, 만든 것만을 나는 완전히 내 마음대로 할 수 있다. 저작권Autorschaft으로부터 비로소 소유권이 수반된다. 내가 그의 아버지이기 때문에 그 아이는 나의 소유이다. 따라서 창조에서 비로소 지배가 참인 것이 증명되고, 실현되며 완성된다. 이교도들의 신들은 이미 자연의 주인이었지만, 자연의 창조자는 아니었으며, 그렇기 때문에 단지 입헌적인, 제한된, 특정한 한계에 갇힌, 자연의 절대적인 군주

가 아니었다. 즉 이교도들은 아직 절대적이고, 무제약적이고 과격한 초
자연주의자들은 아니었던 것이다.

42절

유신론자들은 인간이 일원론의 기원을 자기 자신 안에 갖고 있다는 점, 신의 단일성의 근거가 인간의 의식과 정신의 단일성이라는 점을 고려하지 않고 신의 단일성Einheit에 대한 이론을 그 이론의 근원에 따라 초자연적인, 계시된 이론이라고 공언한다. 세계는 무한한 다수성과 다양성 속에서 내 눈앞에 펼쳐진다. 그러나 마찬가지로 모든 이러한 수많은 다양한 사물들, 태양, 달과 별들, 하늘과 땅, 가까운 것과 멀리 있는 것, 눈앞에 있는 것과 없는 것을 나의 정신, 나의 머리가 포괄한다. 종교적인, 즉 미개한 인간에게 놀라운 것, 초자연적인 것, 시간과 장소의 제한 없이 연결된 것, 사물의 특정한 유Gattung에 제한되지 않는 것, 스스로가 사물이나 가시적인 존재가 되지 않고 모든 사물, 모든 존재를 포괄하는 인간의 정신 또는 의식의 존재는 일신론이 세계의 정점에 놓고 세계의 원인으로 삼는 것이다. 신이 세계를 말하고, 신이 세계를 생각한다. 그래서 세계가 존재한다. 신이 세계가 존재하지 않는다고 말하고, 신이 세계를 생각하지 않고 원하지 않으면, 세계는 존재하지 않는다. 즉 나는 나의 생각 속에서, 나의 표상력 또는 상상력 속에서 모든 사물들, 따라서 또한 세계 자체를 자유롭게 나타나게 하고 사라지게 하며, 생겨나고 잊히게 할 수 있다. 무에서부터 세계를 창조하고, 그리고 원한다면 다시 무로

추방하는 신은 인간의 추상력과 상상력의 존재 외에 다른 것이 아니다. 그러한 추상력과 상상력 속에서 나는 임의적으로 나에게 세계를 존재하는 것으로 또는 존재하지 않는 것으로 표상할 수 있고, 세계의 존재를 만들거나 제거할 수 있다. 일신론은 이러한 주관적인 비존재Nichtsein, 세계의 이러한 표상 속에서의 비존재를 세계의 객관적인, 실제적인 비존재로 만든다. 다신론, 즉 자연종교 일반은 실제적인 존재를 표상된 존재로, 상상의 존재로 만들고, 일신론은 표상된 존재, 상상들, 생각들을 실제적인 존재로 또는 오히려 표상력, 사유력Denkkraft 그리고 상상력을 가장 실제적인, 절대적인, 최고의 존재로 만든다. 신학자Gottesgelehrter는 신의 힘이 인간의 표상능력이 이르는 데까지 미친다고 말한다. 그러나 표상능력의 한계는 어디인가? 상상력에 불가능한 것은 무엇인가? 나는 존재하는 모든 것을 나에게 존재하지 않는 것으로, 존재하지 않는 모든 것을 실재하는 것으로 생각할 수 있다. 그렇게 나는 나에게 "이러한" 세계를 존재하지 않는 것으로, 무수한 다른 세계들을 실재하는 것으로 표상할 수 있다. 실재하는 것으로 표상된 것은 가능한 것das Mögliche이다. 그러나 신은 불가능한 것이 아무것도 없는 존재이며, 힘에 의해 무수한 세계의 창조자이고, 모든 가능성의, 모든 표상가능성의 총괄개념Inbegriff이다. 즉 신은 바로 실현된 존재, 구체화된 존재, 실재하는 존재, 그러니까 가장 실제적인 존재, 인간의 상상능력, 사유능력과 표상능력이 절대적인 존재로 생각한 존재나 표상한 존재 외에 다른 것이 아니다.

43절

본래적인 유신론이나 유일신론은 자연을 단지 인간에게 꼭 필요한, 유기체적인 삶의 작용뿐만 아니라, 인간의 자의적인, 의식적인 목적들, 작용들과 기호들Genüsse을 위해 우유부단하게willenlos 그리고 무의식적으로 사용하게 되기 때문에 인간이 자연을 단지 자신에게만 관계시키고, 이러한 관계가 자연의 본질, 따라서 자연의 궁극적 목적, 중심점과 통일점Einheitspunkt[17]으로 삼는 곳에서만 생겨난다. 자연이 자신의 목적을 자기 외부에 갖고 있는 곳에서 자연은 또한 필연적으로 자신의 근거와 시원을 자기 밖에 갖고 있다. 자연이 오로지 다른 존재를 위해 있는 곳에서 자연은 또한 반드시 다른 존재, 즉 자연을 즐기는 존재 그리고 자연을 자신을 위해 사용하는 존재로서의 인간이 자연의 생성Hervorbringung에서 그 의도나 목적이 되는 그러한 존재로 말미암아 있다. 따라서 자연의 목적das Ende이 인간에게 속하는 곳에서만 자연의 시원은 신에게 속한다. 또는 신이 세계의 창조자라는 가르침은 그 근거와 의미를 오로지 인간이

---

17 한 교부는 신이 인간에게서 우주를 통일성 속에서 요약하려고 하였고 따라서 모든 것을 인간의 목적으로서 인간에게서 합일시키고, 모든 것들이 인간의 이익을 목적으로 하기 때문에, 명확하게 인간을 모든 사물들의 끈(Band)이라고 부른다. 물론 또한 자연의 개별화된 존재로서 인간은 자연의 결론이지만, 목적론과 신학의 반자연주의적이고 초자연주의적인 의미에서는 아니다.

창조의 목적이라는 가르침에 두고 있을 뿐이다. 당신들이 세계가 인간을 위해서 창조되고 만들어졌다는 당신들의 믿음을 부끄러워한다면, 오! 당신들은 또한 자연이 창조되고 만들어졌다는 믿음을 부끄러워할 것이다. "태초에 신이 하늘과 땅을 창조하였다"라고 쓰인 바로 그곳에서는 또한 "신이 두 개의 커다란 빛을 만들었고 그리고 거기에다가 또한 별들을 만들어 하늘의 요새로 삼아 그 별들이 지구를 비추어 낮과 밤을 지배하게 하였다"라고 쓰여 있다. 당신들이 자연의 목적으로서 인간에 대한 믿음을 인간의 오만으로 부른다면, 오! 자연의 창조자에 대한 믿음 또한 인간의 오만으로 부른다. 인간을 위해 비추는 빛은 단지 신학의 빛이며, 그저 관찰하는 존재 때문에 거기에 있는 빛만이 또한 단지 원인으로서 관찰하는 존재를 전제한다.

44절

인간이 자연을 넘어 자연을 정초하고, 창조하는 존재로서 전제하는 정신적인 존재는 인간 자신의 정신적인 존재 외에 다른 것이 아니다. 그러나 인간이 이러한 정신적인 존재를 자연의 원인으로 삼고, 인간의 정신, 인간의 의지와 오성이 만들어 내지 못하는 결과들의 원인으로 삼기 때문에, 따라서 인간이 이러한 정신적이고 인간적인 존재를 통해 인간의 존재와 구분되는 자연의 존재와 연결하기 때문에, 이러한 정신적인 존재는 인간에게서 인간과 구분되고 비교할 수 없는 다른 존재로 나타난다.[18] 신적인 정신은 풀을 자라게 하고 태아가 자궁에 들어서게 하며, 태양이 그 궤도를 유지하고 움직이게 하며, 산들이 우뚝 솟게 하며, 바람을 지배하며, 바다를 경계 짓는다. 이러한 정신에 거스르는 인간의 정신은 어떤 것인가? 얼마나 작고, 얼마나 제한적이며, 얼마나 사소한가! 따라서 합리론자가 신이 인간이 되는 것Menschwerdung Gottes을, 즉 신적인 존재와 인간적인 존재의 합일을 비난한다면, 그것은 주로 오로지 그에게 그의 신 뒤에는 자연, 특히 천문학자의 망원경을 통해 인간의 눈으로 드

---

18 "도덕적인" 존재와 "물질적인" 존재, 인간적인 존재와 인간적이지 않은 존재의 결합 또는 혼합은 자연도 아니고 인간도 아니지만 양자의 수륙양생생물적인 부분을 갖고 있으며, 그리고 바로 이러한 불가해한 본성 때문에 신비주의와 사변의 우상인 제3의 존재(ein drittes Wesen)를 만들어 낸다.

러나는 자연만이 머릿속에서 나타난다는 사실에서 일어난다. 합리론자가 격노하여 외치듯이, 어떻게 오로지 거대하고 무한한 우주Universum 속에서, 그에 상응하는 표현과 작용을 가진 그러한 거대하고 무한하며 보편적인 존재가, 헤아릴 수 없는 우주Weltall의 크기와 양 때문에 무로 사라져 버리는 지구로 인간을 위해 올 수 있겠는가? 얼마나 가치 없고, 편협하고, "인간적인" 생각인가! 신을 지구에 집중시키는 것, 신을 인간에 드리우게 하는 것은 바다를 물방울로, 사투르누스의 반지를 손가락에 끼는 작은 반지로 채우려고 하는 것이다. 물론 세계의 존재가 단지 지구나 인간으로 제한된다는 것, 자연이 단지 인간을 위해 있다는 것, 태양이 단지 인간의 눈을 위해 빛난다는 것은 제한된 생각이다. 하지만 근시안적인 합리주의자여, 당신은 당신 속에서 인간과 신의 합일을 거역하는 것, 당신에게 이러한 합일이 하나의 무의미한 모순으로 나타나게 하는 것은 신의 표상이 아니라 자연 또는 세계의 표상이라는 점을 보지 못한다. 당신은 합일점Vereinigungspunkt, 즉 신과 인간의 개념관계가, 당신이 간접적이든지 직접적이든지, 자연의 힘과 작용을 귀속시키는 그러한 존재가 아니라, 오히려 당신이 보고 듣기 때문에, 보고 듣는 존재이고, 당신이 의식, 오성 그리고 의지를 갖기 때문에 그것들을 가진 존재이며, 따라서 당신 자신이 자연과 구분되기 때문에 그리고 구분되듯이, 당신이 자연과 구분하는 존재라는 점을 알지 못한다. 그러므로 당신에게 이러한 인간적인 존재가 마침내 현실적인 인간으로서 눈앞에 나타난다면, 당신은 이에 대해 무엇을 반대할 수 있는가? 당신이 이러한 원칙을 고집한다면 당신은 어떻게 그 결과를 비난할 수 있겠는가? 당신이 아버지를 인정한다면,

어떻게 그 아들을 부인할 수 있겠는가? 당신에게는 그리스도Gottmensch 가 인간의 상상과 자기숭배Selbstvergöttung의 창조물이라면, 또한 자연의 창조자 속에서도 자연에 대한 인간의 상상력과 자기고양의 창조물을 인식할 것이다. 당신이 모든 신인동형설Anthropomorphismus 없는 존재, 모든 인간의 첨가물, 즉 오성이나 마음 또는 환상이라는 첨가물이 없는 존재이고자 한다면, 용감하고 시종일관하게 신을 포기하고 그리고 당신의 실존의 궁극적인 토대로서 단지 순수하고, 발가벗은, 신 없는gottlos 자연을 증거로 삼고 의지해야 할 것이다. 당신이 자연과 신의 구분을 고집하는 한, 그런 한에서 당신은 인간적인 구분을 요구하게 되고, 그런 한에서 당신은 신 속에서 단지 당신 자신의 구분을 구체화하고, 그런 한에서 당신은 근원적 존재Urwesen 속에서 오직 당신 자신의 존재를 신격화할 뿐이다. 왜냐하면 당신이 인간적인 존재와 구분되는 자연 외에는 다른 존재를 갖고 있지 않고 그리고 알지 못하듯이, 거꾸로 당신은 자연과 구분되는 인간적인 존재 외에 다른 어떤 존재를 갖고 있지도 않고 그리고 알 수도 없기 때문이다.

45절

인간과 구분되는 대상적인 존재로서의 인간적인 존재의 직관, 즉 간단히 말하자면, 인간적인 존재의 대상화Vergegenständlichung는 인간과 구분되는 대상적인 존재 또는 인간적인 존재로서의 자연의 직관을 전제로 한다.[19] 따라서 의지와 오성은 단지 자연의 원동력 또는 원인으로서 인간에게 나타나는데, 왜냐하면 인간에게 자연의 의도하지 않은 작용들은 그의 오성의 빛 속에서 의도적인 작용으로서, 목적으로서, 따라서 자연은 스스로 지적인 존재 또는 적어도 순수한 오성의 문제Verstandessache로서 나타나기 때문이다. 태양에 의해서 모든 것이 보이는 것처럼 ―태양신인 "헬리오스Helios가 모든 것을 보고 듣는 것"처럼― 인간이 태양빛 속에서 모든 것을 보기 때문에, 그렇게 모든 것 그 자체는 인간이 그것을 사유하기 때문에 사유된 것ein Gedachtes이며, 인간에게 오성의 대상이기 때문에 오성의 작품인 것이다. 인간이 별들과 별들 서로의 거리를 측정하기 때문에 별들이 측정된다. 인간이 자연을 인식하기 위해 수학을 사용하기 때문에, 수학은 또한 자연의 산출Hervorbringung을 위해 사용된다. 인간은 운동의 목표, 발전

---

19 이런 입장에서 고찰하자면, 자연의 창조자는 따라서 추상화에 의해 실재적인 자연과, 감각의 대상인 자연과 구분되고 격리된, 상상력에 의해서 인간적인 존재 또는 인간과 비슷한 존재로 변형된, 대중화된, 인간화된, 개인화된 자연의 존재 외에 다른 것이 아니다.

Entwicklung의 결과, 기관의 작용을 예측하기 때문에, 자연 자체도 또한 예측된 자연인 것이다. 인간이 천체의 위치 또는 방향과 반대되는 것, 즉 수많은 다른 방향들을 생각할 수 있기 때문에, 하지만 이러한 방향이 없어지면 또한 동시에 쓸모 있는, 유익한 결과들의 계열Reihe도 없어진다는 점을 알아차리기 때문에 그리고 따라서 이러한 결과의 계열이 왜 다른 방향이 아니라 이 방향이어야 하는지에 대한 이유라고 생각하기 때문에, 이러한 방향은 또한 오직 인간의 머릿속에 존재하는 다른 많은 방향들 중에서 실제로 그리고 근원적으로 오직 그 방향의 유익한 결과들만을 고려하여 놀라워할 만한 현명함에 의해 선택된다. 이렇게 인간에게는 곧바로, 예외 없이 인식의 원리가 존재의 원리이며, 사유된 사물이 실제적인 사물이며, 대상에 대한 사유가 대상의 본질이며, 후천적인 것이 선천적인 것이다. 인간이 자연을 그것인 바와는 다르게 생각하며, 또한 인간이 자연에게 자연 자신인 바와는 다른 존재, 오직 자신의 머릿속에서만 존재하는, 말하자면 단지 자기 자신의 머릿속의 존재를 자연의 현실성의 근거와 원인으로서 전제한다는 것은 놀라운 일이 아니다. 인간은 사물들의 자연적인 질서를 뒤집어 버린다. 인간은 본래적인 의미에서의 세계를 왜곡해 버린다. 인간은 피라미드의 꼭대기를 바닥으로 만들어 버린다. 인간은 머릿속의 또는 머리에 대해 첫 번째 것das Erste을 어떤 것이 왜 있는지에 대한 근거로 만들어 버리고, 현실성 속에서의 첫 번째 것으로, 즉 어떤 것이 존재하는 원인으로 만들어 버린다. 한 사태의 근거는 머릿속에서 사태 자체를 앞서간다. 이것이 왜 인간에게 이성존재 또는 오성존재, 사유존재가 논리적으로뿐만 아니라 물리적으로도 최초의 존재, 즉 근본존재인지에 대한 이유이다.

46절

　신학의 비밀은 자연의 필연성과 인간의 자의Willkür 사이, 즉 실제로 있는 자연과 인간이 표상하는 자연 사이의 모순에 근거한다. 지구가 다른 곳에, 예를 들어 수성이 있는 곳에 있다면 엄청난 열기 때문에 모든 것이 죽을 것이다. 따라서 얼마나 현명하게 지구가 그의 성질에 따라 적합한 곳에 배치되었는가! 그러나 이러한 현명함은 어디에 그 본질이 있는가? 그것은 오로지 모순 속에, 지구가 실제로 있는 장소와는 다른 장소로 생각 속에서 지구를 자의적으로 배치하는 인간의 어리석음과의 대립 속에 있다. 만일 당신이 우선 자연 속에서 분리되지 않고 있는 것을 우주의 천문학적인 입장과 우주의 물리적인 성질처럼, 서로 잡아 뜯어낸다면, 그러면 뒤이어서 당신에게는 당연히 자연의 통일성이 합목적성으로서, 필연성이 계획으로서, 당신이 생각하고 선택한 부적절한 장소와 달리 천체의 본질과 동일한 실제적이고 필연적인 장소가 지혜롭게 선별해 낸, 이성적이고 올바르게 생각해 낸 장소로 나타나야만 할 것이다. "만약 눈이 검은색이었다면, 또는 극지방에서 검은색이 우세했다면 … 그러면 지구의 극지방 전체는 유기적인 생명체와 양립할 수 없는 어두운 황무지였을 것이다. … 이와 같이 물체의 색깔의 배열은 세계의 합목적적인 조직에 대한 가장 훌륭한 증거이다." 물론, 인간이 흰색으로부터 검은색을

만들지 않는다면, 자연에 대한 인간의 어리석음이 자의적으로 작동하지
않는다면, 그러면 어떠한 신적인 지혜도 또한 자연을 지배하지 않을 것
이다.

47절

"새가 낮게 날려고 할 때 단지 꼬리를 들어 올리는 것이 필요하거나 새가 높이 날려고 할 때 꼬리를 내리는 것이 필요하다고 누가 새에게 말했는가? 나는 것에 대한 새의 뛰어난 지혜를 주의하지 않고 그 대신에 생각하는 사람은 전혀 안목이 없다. 그러나 그는 자연에 대해서가 아니라 자신의 존재를 자연의 원형으로, 오성의 힘을 판단력으로 끌어올리고, 새의 비행을 비행의 역학에 대한 이해에 의존하는 것으로 만들며, 승마하는 사람이 승마기술의 규칙들을, 수영하는 사람이 수영기술의 규칙들을 사용하듯이, 새들에게서 비행기술의 사용이 선천적이고, 지시된 사용이라는 점만을 구별하여 자연을 도외시한 그의 개념들을, 비행하는 새들이 사용하는 법칙으로 만드는 인간에 대한 안목이 없는 것이다. 하지만 새들의 비행은 기술에 근거하지 않는다. 기술은 단지 기술의 반대가 있는 곳, 한 기관이 이러한 기관과 직접적으로, 필연적으로 결합되어 있지 않고, 기관의 존재를 소진하지 않고, 동일한 기관의 수많은 다른 실제적인 또는 가능한 기능들과 비교하면 단지 하나의 특별한 기능인 그러한 기능을 수행하는 곳에서만 존재한다. 그러나 새는 자신이 나는 것과 다른 식으로 날 수는 없으며 그리고 날지 않을 수도 없다. 새는 날아야만 한다. 동물은 항상 단지 자신이 할 줄 아는 이러한 유일한 것만을 할 줄 알고, 그 밖의 것은 전적으로 할 줄 모르며, 동물은 다른 모든 것을 할 줄 모르기 때문에, 즉 이러한 하나의 기능 속에서 자신의 능력 전체가 소진 되기 때문에, 이러한 하나의 기능이 자신의 존재 자체와 동일하기 때문에, 바로 그렇기 때문에 이러한 하나의 기능을 그렇게 숙련되게, 그렇게 탁월하게 사용할 줄 안다. 따라서 만약 당신이 동물들, 특히 소위 인위적 충동을 부여받은 하등동물의 행동들과 기능들을 동물들의 행동과 기능 대신에 생각한 오성을 전제하지 않고 당신에게 설명할 수 없다면, 그것은 오직 그러한 대상들이 당신의 의식과 오성의 대상인 것처럼 동물들이 대상일 것이라고 생각한다는 사실에서 생겨난다. 당신이 일찍이 동물의 활동Werk을 인위적인 활동Kunstwerk으로, 자의적인 활동으로 생각한다면, 그러면 당신은 또한 당연히 오성을 활동들의 원인으로 생각해야만 한다. 왜냐하면 인위적인 활동은 선택, 의도, 오성을 전제하며, 따라서 동시에 경험은 동물들 스스로 사유하지 않고 동물들 대신 다른 존재를 생각하게 한다는 점을 다시 당신에게 알려 주기 때문이다.[20] "당신들

20 그러면 일반적으로 자연으로부터 신으로의 모든 추론에서 전제, 가정은 하나의 인간적인 가정이고, 결과가 인간적인 존재 또는 인간과 비슷한 존재라는 점은 놀랄 일이 아니다. 세계가 하나의 기계장치라면, 당연히 기계장치의 기사가 있어야만 한다. 어떤 임의적인 국가의 목적을 위해, 예를 들면 오로지 강도 높은 폭력을 통해 전시복무(Kriegsdienst)를 위해 사용되고 규합되는 인간적인 개체들처럼, 자연존재들(Naturwesen)이 서로에게 중요하지 않다면, 지배자, 권력자는 또한 당연히, 자연이 무정부상태로 해체되지 않아야 한다면, 자연의 총사령관(ein General en chef) —"구름의 대장"— 이어야 할 것이다. 그래서 인간은 먼저 무의식적으로 자연을 인간의 작품으로, 자신의 존재를 자연의 근본존재로 삼는다. 하지만 인간은 나중에 또는 동시에 자연의 작품들과 인간적인 기술의 작품들 사이의 차이를 유지하기 때문에, 인간에게 이러한 자신의 고유한 존재는 다르지만, 유사하게 닮은 것으로서 나타난다. 따라서 신의 존재에 대한 모든 증명들은 또한 논리적인 형식들이 인간적인 존재의 형식들이므로 오로지 논리적인 의미 또는 오히려 인간학적인 의미를 지닐 뿐이다.

은 어떻게 거미가 거미줄을 한 나무에서 다른 나무로, 집의 한 모서리에서 다른 모서리로, 이쪽 물의 높이에서 다른 저쪽의 물의 높이로 넘어가 고정시켜야 하는지를 거미에게 조언할 줄 아는가?" 결코 그렇지 않다. 그러나 도대체 당신은 여기에서 조언이 필요하다고, 거미가 당신이 처해 있는 동일한 위치에 처해 있다고, 당신이 이러한 과제를 외워서 해결해야만 한다면, 당신에게서처럼 거미에게도 이쪽이라는 것과 저쪽이라는 것이 존재한다고 믿는가? 거미와 거미가 그의 거미집의 거미줄을 고정한 대상 사이에는, 당신의 뼈와 근육의 사이처럼 그렇게 필연적인 연관성이 있다. 왜냐하면 거미 밖에 있는 대상은, 거미에게는 그의 생명의 기반, 그의 포획도구의 버팀목 외에 다른 것이 아니기 때문이다. 거미는 당신이 보는 것을 보지 않는다. 당신의 오성의 눈이 만드는 또는 적어도 당신의 오성의 눈이 만들듯이, 모든 분리들, 구분들, 거리들은 거미에게는 전혀 존재하지 않는다. 따라서 당신에게는 풀 수 없는 신학적인 문제인 것을 거미는 오성 없이 그리고 따라서 오직 당신의 오성 때문에 존재하는 그러한 모든 어려움들 없이 해낼 수 있다. "누가 진딧물들Blattläuse이 가을에 나뭇잎보다는 나뭇가지에서, 꽃봉오리에서 그의 양분을 충분하게 발견할 수 있다고 진딧물에게 말했는가? 누가 그들에게 꽃봉오리로의 길을, 나뭇가지로의 길을 가리켰는가? 나뭇잎 위에서 태어난 진딧물에게 꽃봉오리는 멀리 있는 영역일 뿐만 아니라 완전히 알려지지 않은 영역이다. 나는 진딧물과 연지벌레의 창조자를 숭배하고 침묵한다." 물론 당신이 진딧물과 연지벌레를 유신론의 설교자로 만든다면, 당신이 그들에게 당신의 생각을 밀어 넣는다면, 당신은 침묵해야만 한다. 왜냐하면 오로지 의인화된 진딧물에게만 꽃봉오리가 멀리 있고 알려지지 않은 영역일 뿐이지, 진딧물 그 자체는 그렇지 않기 때문이다. 그 자체의 진딧물은 잎이 잎으로서가 아니라, 꽃봉오리가 꽃봉오리로서가 아니라 단지 동화할 수 있는, 마치 화학적으로 유사한 성분으로서의 대상인 것이다. 따라서 그것은 단지 당신에게 자연을 눈의 활동으로서 나타나게 하는 반사광일 뿐이고, 거미가 그의 뒤쪽에서 만들어 내는 실을 사유하는 존재의 머리로부터 도출할 것을 당신에게 강요하는 반사광일 뿐이다. 자연은 당신에게 단지 하나의 연극, 눈의 향연Augenfest일 뿐이다. 따라서 당신은 당신의 눈을 매혹하는 것이 또한 자연을 움직이고 지배할 것이라고 믿는다. 그래서 당신은 자연이 당신에게 나타나는 대단한 빛을 자연을 창조하는 대단한 존재로, 눈의 빛을 자연의 실마리Hebel로, 시신경을 천체의 운동신경으로 만들어 버린다. 자연을 하나의 현명한 창조자로부터 도출하는 것은 어린이의 시선으로 만드는 것, 음식의 향기로 배고픔을 멈추는 것, 소리의 화음으로 바위를 움직이는 것이다. 그린란드인은 상어에서 인간의 소변냄새가 나기 때문에, 상어가 사람의 소변에서 생겨난 것이라고 보는데, 이러한 동물학적인 생성은 그렇기 때문에 자연을 오성으로부터 생겨나게 하는 유신론자의 우주론적 생성처럼 논증된다. 왜냐하면 자연은 인간의 오성으로 이해할 수 있고 의도적인 것이라는 인상을 주기 때문이다. 자연의 현상은 우리에게는 이성이지만, 그러나 이러한 현상의 원인은 빛의 원인이 빛이 아닌 것처럼 이성이 아니다.

48절

자연은 왜 기형아들을 만들어 내는가? 왜냐하면 자연에서 형성 Bildung의 결과는 미리 목적으로서의 대상이 아니기 때문이다. 예를 들면, 소위 무뇌증이 왜 생겨나는가? 왜냐하면 자연은 두뇌의 형성에서 두개골Schädel을 생각하지 않고, 두뇌의 형성에서 두뇌를 덮기 위한 뼈조직이 결여되었다는 점을 알지 못하기 때문이다. 왜 불필요한 사지Glieder들이 있는가? 왜냐하면 자연은 셈을 할 줄 모르기 때문이다. 왜 보통 오른쪽에 있는 것이 왼쪽에 있고, 또는 보통 왼쪽에 있는 것이 오른쪽에 있는가? 왜냐하면 자연은 오른쪽 또는 왼쪽이 무엇인지를 모르기 때문이다. 따라서 기형아들은 대중적인, 바로 그렇기 때문에 이미 옛날의 무신론자에 의해 그리고 자연을 신학의 보좌Vormundschaft로부터 해방시켰던 유신론자들에 의해 강조된 증명, 즉 자연형성이 예정되지 않고, 의도하지 않은, 자의적이지 않은 산물이라는 증명이다. 왜냐하면 사람들이 기형아를 설명하기 위해 열거하는 모든 근거들, 비록 기형아들이 단지 태아의 질병의 결과일 뿐이라는 가장 최근의 자연연구자들의 근거들조차도 자연의 창조적인 또는 형성하는 힘과 함께 동시에 의지, 오성, 예견Voraussicht, 의식이 결합되어 있다면, 탈락할 것이다. 그러나 비록 자연이 보지 못하더라도, 그래서 그렇기 때문에 자연은 맹목적이지 않고, 비록 자연이 살아 있지는 않지만(인간적인 의미에서, 주관적인, 지각하는 삶이라는 의미에서), 죽은 것이 아니며, 그리고 비록 자연이 마치 의도에 따라 형성하지는 않지만, 그러나 그렇게 자연의 형성은 우연적인 것은 아니다. 왜냐하면 인간이 자연을 죽은 것으로 그리고 맹목적인 것으로, 자연의 형성을 우연한 것으로 규정하는 곳에서 인간은 그의 (주관적인) 존재를 자연의 척도로 삼으며, 인간은 자연을 단지 자신에 대한 반대로 규정하고, 자연을 불완전한 존재로 묘사하는데, 자연은 인간이 지닌 것을 갖고 있지 않기 때문이다. 자연은 도처에서 오직 연관성Zusammenhang 속에서 그리고 연관성을 통해 —이러한 연관성은 인간에게는 이성인데— 작용하고 형성한다. 왜냐하면 인간이 연관성을 지각하는 모든 곳에서 그는 감각, 사유의 재료, "충분한 근거", 체계를 단지 필연성으로부터 그리고 필연성과 함께 발견하기 때문이다. 그러나 자연의 이러한 필연성은 또한 인간적인 필연성, 즉 논리적이고, 형이상학적인 또는 수학적인, 추상적인 필연성이 결코 아니다. 왜냐하면 자연존재는 사유존재Gedankenwesen가 아니고, 논리적이거나 수학적인 모습이 아니라, 실제적이고, 감성적이고, 개별적인 존재이기 때문이다. 자연의 필연성은 감성적인, 그렇기 때문에 탈중심적이고, 예외적이며, 불규칙적인, 인간 자신의 환상이라는 이러한 변형Anomalie의 결과 속에서 자유로서 또는 적어도 자유의 산물로서 나타나는 필연성이다. 자연은 오직 자기 자신을 통해서만 파악되어야 한다. 자연은 그 "개념이 다른 존재에 의존하지 않는 존재이다." 그러나 자연은 사물 자체인 것과 우리를 위한 것 사이의 구분이 적용되는 존재이다. 하지만 자연은, 비록 우리가 자연의 현상들을 우리에게 이해시키기 위해,

질서, 목적, 법칙과 같은 인간적인 표현과 개념들을 자연의 현상에 사용하고, 그리고 단지 사물의 주관적인 겉모양에만 근거하는 우리 언어의 본성에 적합하게 자연의 현상들에 사용해야만 하고, 자연의 현상들을 상응하는 인간적인 현상들과 비교하고 지칭하더라도 "인간적인 척도"로 평가되어서는 안 되고 평가될 수도 없다.

49절

　자연에서의 신적인 지혜에 대한 종교적인 경탄Bewunderung은 단지 순간적인 감격일 뿐이다. 이러한 종교적인 경탄은 단지 수단에만 해당되며, 자연의 목적에 대한 성찰 속에서 소멸해 버린다. 거미줄은 얼마나 놀라운가, 모래 속에서 개미귀신의 깔때기Trichter는 얼마나 놀라운가! 그러나 이러한 현명한 채비들은 무엇을 목표로 하는가? 그것은 영양공급인데, 이 목표를 인간 자신은 단순한 수단으로 과소평가한다. 소크라테스는 "다른 것들은 먹기 위해서 살지만, 나는 살기 위해서 먹는다"라고 말했다. 이 다른 것은 동물들과 동물적인 인간이다. 꽃은 얼마나 화려한가, 그 나무는 얼마나 놀라운가! 그러나 이러한 나무, 이러한 화려함은 무엇에 기여하는가? 오로지 생식기관을 찬미하고 보호하기 위해서일 뿐이다. 인간은 이러한 생식기관을 창피해서 숨기거나 심지어 종교적인 열정 때문에 불구로 만든다. 자연연구가, 이론가가 숭배하고 놀라워하는 "진딧물과 연지벌레의 창조자", 오직 자연적인 삶을 자신의 목적으로 갖는 창시자는 따라서 종교적인 의미에서의 신과 창조자가 아니다. 전혀 아니다! 무엇보다 오직 인간의, 즉 자연과 구분되는, 자연을 얕보는 인간의 창조자만이, 인간이 그 속에서 자기 자신의 의식을 소유하고, 그 속에서 인간이 자신의 본성을 외부의 자연과 구분하여 정초하는 성질들을, 인간이 이러한 성질들을 종교에서 상상하듯이, 나타내는 창조자만이 종교의 대상인 신이고 창조자이다. 루터는 "종교세례에서 어린아이에게 부어지는 물은 또한 창조자의 물이 아니라, 구원자인 신의 물이다"라고 말한다. 나는 자연의 물을 동물들 그리고 식물들과 공유하지만, 성수Taufwasser를 공유하지는 않는다. 자연의 물은 나를 융합시키지만amalgirt, 성수는 나를 그 밖의 자연존재와 구분한다. 하지만 종교의 대상은 자연적인 물이 아니라 성수이다. 따라서 자연의 창조자 또는 원조Urheber가 아니라 성수의 창조자가 종교의 대상이다. 자연적인 물의 창조자는 당연히 스스로 자연적인 존재이며, 따라서 종교적인, 즉 초자연적인 존재가 아니다. 물은 감각에 대해 구체적인, 가시적인 존재이며, 따라서 이러한 존재의 성질들과 작용들은 우리를 초감각적인 원인으로 안내하지 않는다. 그러나 성수는 "육체적인 눈"의 대상이 아니며, 그것은 정신적인, 가시적이지 않은, 초감각적인, 즉 오직 믿음을 위해 존재하는 것, 오직 표상 속에서, 상상력 속에서 존재하고 작용하는 존재이다. 이러한 존재는 따라서 또한 하나의 정신적인 존재, 오직 믿음 속에, 상상 속에 있는 존재를 그 원인으로 필요로 하는 존재이다. 자연적인 물은 나의 신체적인 오점Fleck을 깨끗하게 하지만, 성수는 나의 도덕적인 오점과 질환을 깨끗하게 한다. 전자는 단지 이러한 일시적이고, 덧없는 삶에 대한 갈증을 제거해 주지만, 그러나 후자는 영원한 삶에 대한 나의 갈망을 만족시킨다. 전자는 단지 제한된, 일정한, 유한한 작용들을 하지만, 후자는 무한하고, 전능한 작용들, 물의 본성을 넘어가는 작용들, 따라서 신적인 존재의 자연의 한계에 결합되지 않는 존재, 경험과 이성의 한계에 결합되지 않은 존재, 인간적인 믿음의 능력과 상상능력의 제약되지 않은 존재를 생생하게 표현하고 대상화하는 작용을 한다. 그러나 또한 성수의 창조자도 자연적인 물의 창조자가 아닌가? 따라서 후자는 자연의 창조자에게 어떻게 관계하는가? 성수가 자연적인 물에 관계하듯이 바로 그렇게 관계한다. 성수는 자연적인 물 없이는 존재할 수 없다. 자연적인 물은 성수의 조건이고, 수단인 것이다. 그렇게 자연의 창조자는 오직 인간의 창조자를 위한 조건이다. 자연적인 물을 자신의 손에 쥐고 있지 않은 사람이 어떻게 초자연적인 작용들을 자연적인 물과 결합시킬 수 있겠는가? 일시적인 삶을 지배하지 않는 것이 어떻게 영원한 삶을 부여할 수 있겠는가? 자연의 성분Element이 속하지 않는 것이, 어떻게 먼지가 되어 버리는 나의 신체를 치유할 수 있을까? 그러나 누가 자연의 주인이고 지배자이며, 누가 자연을 제외하고 자연을 단지 자신의 의지를 통해 무Nichts에서 가져오는 권력과 힘을 가졌는가? 따라서 자연적인 물과 세례의 초자연적인 본질의 연결을 무의미한 모순으로 설명하는 사람은 또한 자연과 창조자라는 초자연적인 존재의 연결을 그러한 무의미한 모순으로 설명할 것이다. 왜냐하면 성수와 일반적인 물의 작용 사이에는 바로 초자연적인 창조자와 자연스러운natürlich 자연 사이처럼, 그렇게 많거나 적은 연관성이 있기 때문이다. 창조자는 초자연적인, 놀라운 성수가 유래하는 그러한 샘물Quelle에서 생겨 나온다. 성수 속에서 당신은 단지 창조자의 존재, 즉 눈앞의 감각적인 예Beispiel 속에 있는 신의 존재를 본다. 따라서 당신이 창조자의 존재, 즉 기적의 존재를 있게 한다면, 어떻게 당신은 세례의 기적과 다른 기적을 거절할 수 있겠는가? 다른 말로 하자면, 당신이 창조라는 큰 기적을 받아들인다면, 어떻게 작은 기적들을 비난하겠는가? 그러나 확실히 정치의 세계에서처럼 신학의 세계에서는 그런 일이 일어난다. 즉 사람들은 좀도둑은 잡고 큰 도둑은 놓아준다.

50절

자연적인 질서, 합목적성과 법칙성에서 나타나는 섭리Vorsehung는 종교의 섭리가 아니다. 후자는 자유에 근거하고, 전자는 필연성에 근거하며, 후자는 한정되거나 제약되지 않고, 전자는 한정되고 수많은 조건들에 의존하며, 후자는 특수하고, 개별적인 섭리이고, 전자는 오로지 전체, 유Gattung에만 해당되며, 개별자, 개인을 우연에 넘겨준다. 유신론적인 자연연구자는 "많은 사람들(많은 사람들? 신을 수학적으로 가정된 자연의 기점 Anfangspunkt 이상으로 보는 모든 사람들)은 세계의 보존을, 특히 인간의 보존을 직접적인 것으로, 특별한 것으로, 즉 신이 모든 피조물의 행동들을 지배하고, 그러한 피조물을 신의 뜻대로 조정하는 것으로 생각하였다. … 그러나 우리는 자연법칙의 관찰에 의해 인간 그 밖의 피조물의 행동들에 대한 이러한 특별한 지배와 감독을 불가능한 것으로 가정할 수 있다. … 우리는 이것을 개별적인 구성원들Glieder에 대한 자연의 덜 신중함Sorgfalt 으로부터 알 수 있다.[21] 수천 개의 구성원들은 자연의 풍부함 때문에 아

---

[21] 그런데 자연은 유나 종을 "걱정하지" 않는다. 종은 자연스러운 이유에 의해서 유지되는데, 왜냐하면 종은 짝짓기를 통해 번식하고, 늘어난 개체들의 총괄개념(Inbegriff) 외에 다른 것이 아니기 때문이다. 소수의 개체들이 노출된 우연한 파괴적인 영향들을 다른 개체들은 피하게 된다. 다수가 유지된다. 하지만 마찬가지로 또는 오히려 소수의 개체들이 몰락하는 똑같은 이유에서 또한 종들조차도 사라지게

무런 생각 없이, 거리낌 없이 희생된다. ⋯ 인간에게서도 동일한 방식으로 진행된다. 인류의 절반은 그들의 나이가 두 살이 되지 못하고, 그들은 그들이 일찍이 살았었다는 점을 거의 의식하지 못하고 죽는다. 우리는 모든 것을 창조자의 특별한 보존 또는 협력에 의해 잘 존재하게 할 수 없는 이것을 바로 선한 인간뿐만 아니라 악한 인간 모두의 재난과 불쾌로부터 알 수 있다." 그러나 특별하지 않은 지배, 섭리는 섭리의 목적, 본질, 개념에 부합하지 않는다. 왜냐하면 섭리는 우연을 제거하여야 하지만, 바로 보편적인 섭리만이 이러한 우연을 존재하게 하고, 따라서 섭리는 전혀 존재하지 않기 때문이다. 이처럼 나이에 따라 인간의 죽음도 또한 특정한 숫자로 일어난다는 점, 예를 들면 3-4명의 아이들 중에서 한 명은 1살 때에, 25명의 아이들 중에서 한 명은 5살 때에, 50명의 아이들 중에서 한 명은 7살 때에, 100명의 아이들 중에서 한 명은 10살 때에 죽는다는 점은 자연 속에서의 "신적인 질서의 법칙", 즉 자연적인 원인의 결과이다. 그러나 마찬가지로 바로 이러한 한 명의 아이가 죽고, 3-4명의 다른 아이가 살아남는다는 점은 우연한 것, 이러한 법칙을 통해 규정되지 않는 것, 다른 우연한 근거들에 의존하는 것이다. 따라서 "결혼생활은 신의 질서"이며, 인류를 번식시키기 위한 자연적인 섭리의 법칙이며, 그러므로 나에게는 하나의 의무이다. 하지만 내가 이러한 의무에 협

된다. 그래서 아일랜드의 큰사슴처럼, 도도새(Dronte)도 사라져 버렸고, 그와 같이 지금도 많은 동물의 종들이 인간의 뒤쫓기(Nachstellung)와 매번 계속해서 확장되는 문화의 결과로 동물들이 예전에 또는 좀 전에 많이 존재했던 지역으로부터, 예를 들면 물개가 남스코틀랜드섬으로부터 사라지고, 그리고 점차 지구에서 완전히 사라지게 될 것이다.

조할지에 대해, 이러한 의무가 어쩌면 우연한 유기체적인 오류의 결과에서 쓸모없거나 효과가 없는 게 아닌지에 대해 그러한 의무는 나에게 아무것도 말해 주지 않는다. 특정한 개별적인 경우에 그러한 법칙을 적용하는 데 있어서, 결정의 비판적인 순간에, 부득이하게, 실제로는 자연 자체 외에 다른 것이 아닌 자연적인 섭리가 나를 돌보지 않으므로, 바로 그렇기 때문에 나는 그러한 의무에 관해 상급심höhere Instanz, 즉 신들의 초자연적인 섭리에 호소한다. 신들의 눈은 자연의 빛이 유래하는 거기에서 곧바로 나를 비추고, 신들의 지배는 자연적인 섭리의 지배가 끝나는 곳에서 곧바로 시작된다. 신들은 알고 있으며 나에게 말한다. 신들은 자연이 불확실성의 어둠 속에 놓는 것, 우연에 내맡기는 것을 규정한다. 일상적인 의미에서뿐만 아니라 철학적인 의미에서 우연한 것, "실재적인 것", 개별적인 것, 예측할 수 없는 것, 계산할 수 없는 것의 영역은 신들의 영역이고, 종교적인 섭리의 영역이다. 그리고 신탁과 기도는 인간이 우연한 것, 어두운 것, 확실하지 않은 것을 어떻게 섭리, 확실성 또는 확신의 대상으로 만드는지에 대한 종교적인 방식들이다.[22]

---

22   이에 대해서는 신탁과 관련한 소크라테스의 크세노폰과의 발언을 비교하라.

51절

에피쿠로스는 신들이 세계의 틈에 존재한다고 말한다. 정확한 말이다.[23] 신들은 오로지 빈 공간에, 현실의 세계와 표상Vorstellung의 세계 사이에, 법칙과 법칙의 적용 사이에, 행동과 행동의 결과 사이에, 현재와 미래 사이에 있는 틈 속에 존재한다. 신들은 표상된 존재, 표상의 존재, 상상의 존재, 따라서 또한 그들의 존재가, 엄밀하게 말하자면 현재가 아니라, 단지 미래와 과거에 근거하는 존재이다. 후자에게 그들의 존재를 신세 지는 신들은 더 이상 존재하는 것이 아니라 죽은 것, 오직 심정 속에서만 그리고 표상 속에서만 살아 있는 존재이며, 이러한 존재의 숭배는 여러 민족들에게서는 종교 전체이고, 대부분 종교의 중요하고 본질적인 부분이다. 그러나 미래는 과거보다 엄청나게 강력하게 심정에 작용한다. 과거는 단지 기억의 조용한 지각을 뒤에 남길 뿐이다. 그러나 미래는 지옥의 두려움 또는 천국의 행복과 함께 우리 앞에 서 있다. 따라서 죽음으로부터 부활한 신들은 단지 신들의 그림자일 뿐이다. 진정한, 살아 있는 신들, 비와 햇빛, 번개와 천둥, 삶과 죽음, 천국과 지옥의 지배자는 그들의 존재를 또한 단지 삶과 죽음을 지배하는 두려움과 희망의 힘들에

---

23 에피쿠로스의 중간세계의 진정한 의미는 여기에서는 당연히 상관없는 것이다.

신세 지고 있는데, 이러한 두려움과 희망은 미래의 어두운 몰락Abgrund
을 표상의 존재로 비춘다. 현재는 극도로 단조롭고, 지쳐 있으며, 결정
되어 있고, 결코 바꿀 수 없으며, 사로잡혀 있고, 배타적이다. 현재 속에
서는 표상Vorstellung이 현실성과 일치한다. 따라서 현실 속에서는 신들이
그 어떤 지위도, 그 어떤 활동의 여지도 가질 수 없다. 현재는 신을 부인
한다. 그러나 미래는 신의 제국Reich, 즉 제약을 받지 않는 가능성과 우연
성의 제국이다. 미래적인 것은 내가 원하듯이 그렇게 또는 내가 두려워
하듯이 그렇게 어쨌든 존재할 수 있다. 미래적인 것은 아직 변경불가능
성의 심각한 처지Loos에 빠져 있지 않다. 미래적인 것은 "생각된" 현실성
과 분명함Handgreiflichkeit 너머 존재와 존재하지 않음 사이에서 불안정하
게 존재한다. 미래적인 것은 아직 어떤 다른 비가시적인 세계, 중력의 법
칙에 의해서가 아니라 단지 두뇌작용의 법칙에 의해서 움직이기 시작하
는 세계에 속한다. 이러한 세계는 신들의 세계이다. 현재는 나에게 속하
지만, 미래는 신들에게 속한다. 신들은 이러한 현재의 순간을, 또한 지나
간 순간을 더 이상 나에게서 빼앗아 갈 수 없다. 이미 옛날 사람들이 말
했듯이, 또한 신적인 전능Allmacht은 일어난 것을 일어나지 않은 것으로
만들 수는 없다. 그러나 나는 다음 순간에 존재하게 되는가? 내 삶의 다
음 순간은 나의 의지에 의존하는가? 또는 다음 순간은 현재의 순간과 필
연적인 연관성이 있는가? 그렇지 않은가? 수많은 우연들이 존재할 뿐이
다. 내 발밑에 있는 땅, 나의 머리 위에 있는 지붕, 번개, 총알, 돌, 심지
어 내가 식도 대신 기도로 보낸 포도알은 매 순간 영원히 다가오는 순간
을 현재의 순간으로부터 떼어 낼 수 있다. 그러나 관대한 신들은 이러한

강제적인 분열Riss을 막아 준다. 관대한 신들은 모든 가능한 해로운 영향들이 접근할 수 있는, 인간의 신체에 난 구멍들을 그들의 영적인, 불사의 신체들로 채워 버린다. 관대한 신들은 다가오는 순간을 지나간 순간에 연결시킨다. 관대한 신들은 미래를 현재와 중재한다. 관대한 신들은 구멍 난porös 신들인 인간들이 단지 간헐적으로 방해를 받으면서 존재하거나 갖고 있는 것을 중단 없는 연결 속에서 존재하거나 갖고 있다.

　　관대함Güte은 신들의 본질적인 성질이다. 그러나 신들이 자연적인 섭리로부터, 즉 자연의 필연성이라는 사슬로부터 자유롭지 않다면, 신들이 개별적인, 죽음과 삶을 결정하는 경우에 자연의 주인으로서, 하지만 인간의 친구와 은인으로서 증명되지 않는다면, 따라서 신들이 기적을 행하지 않는다면, 신들이 어떻게 관대할 수 있겠는가? 신들 또는 오히려 자연은 인간에게 자기 스스로를 보존할 수 있도록 신체적이고 정신적인 힘을 마련해 주었다. 그러나 이러한 자연적인 자기보존 수단이 항상 충분한가? 초자연적인 도움의 손이 자연적인 질서의 매정한 진행을 저지하지 않으면 나는 어찌할 도리 없이 몰락해 버린 상태에 매우 자주 처하지 않는가? 자연적인 질서는 선하다. 그러나 그 질서가 항상 선한가? 예를 들면, 지속되는 이러한 비, 지속되는 이러한 가뭄은 완전히 질서 속에 있다. 그러나 신들이 돕지 않는다면, 이러한 가뭄을 없애 버리지 않는다면, 나는, 나의 가족은, 이 민족조차도 그 결과로 망해야만 하지 않는가?[24] 따

24　또한 기독교인들은 그리스인들이 제우스에게 기도하듯이 그렇게 그들의 신에게 비를 내려 달라고 기도하고, 그러한 기도의 응답을 믿는다. 루터의 『탁상담화(*Tischreden*)』에서 "오랫동안 비가 내리지 않았고, 그리고 들판의 곡식이 말라 죽기 시작한 엄청난 가뭄이 있었는데, 루터 박사가 끊임없이 기도하였고 그리고 그는 마침내 커다란 탄식과 함께 말했다. 오 하느님이시여, 당신의 약속을 위한 우리의

라서 기적은 신적인 지배 그리고 섭리와 분리될 수 없으며, 심지어 기적은 자연과 구분되는 힘과 존재인 신들의 유일한 증명, 계시 그리고 현상이다. 기적을 제거하는 것은 신들 자신을 제거하는 것이다. 신들은 무엇에 의해 인간과 구분되는가? 오직 인간만 한계를 갖고 있지만, 신들은 한계가 없다는 점을 통해서만, 인간이 단지 일시적이고, 순간적인 반면에 신들은 특히 항상 존재한다는 점을 통해서만 구분된다.[25] 생명력은 신성이며, 생명력은 신성의 본질적인 성질, 근본조건이다. 그러나 인간들은 유감스럽게도 항상 살지 않는다. 인간은 죽는다. 반면에 신들은 불멸의 존재들, 항상 살아 있는 존재들이다. 인간도 또한 행복하지만 신들처럼 끊임없이 행복하지는 않다. 인간들도 선하지만, 항상 선하지는 않다. 소크라테스에 따르면 인간과 신의 차이는 신들이 항상 선하다는 점에 있다. 아리스토텔레스에 의하면, 인간들은 또한 사유의 신적인 행복을 즐기지만, 인간에게서 정신적인 활동은 다른 작용들과 활동들을 통해 중단된다. 따라서 신들과 인간은 동일한 성질들, 동일한 삶의 규칙을 갖지만, 신들은 이것들을 제한 없이 그리고 예외 없이 가진다. 피안의 삶이, 죽음을 통해 중단되지 않는 이러한 삶의 지속Fortsetzung 외에 다른 것이 아닌 것처럼, 그렇게 신적인 존재는 자연 일반을 통해 중단되지 않는 인간적

기도를 보시고 … 나는 우리가 가슴으로 당신에게 절규하고 애타게 탄식하는 것을 안다. 당신은 무엇 때문에 우리의 청을 들어주지 않으십니까? 그 후에 바로 그날 밤에 아주 좋은 풍년을 약속하는 비가 내렸다."
25 물론 한계의 생략(Weglassung)은 향상(Steigerung)과 변화를 가져오지만, 그러나 한계의 생략은 존재의 동일성(Identität)을 제거하지는 못한다.

인 존재의 지속 —중단되지 않은 인간의 존재— 외에 다른 것이 아니다. 그러나 이제 기적은 자연의 작용과 어떻게 구분되는가? 바로 신들이 인간과 구분되는 것처럼 그렇게 구분된다. 기적은 이러한 특별한 경우에 선하지 않은 자연의 작용과 성질을 선한 또는 적어도 해롭지 않은 작용과 성질로 만든다. 기적은 내가 행운이 없을 때에, 내가 물속에 가라앉아 익사하지 않게 하고, 불에 의해 화상을 입지 않게 하며, 내 머리 위로 떨어질 돌이 나에게 떨어지지 않게 한다. 간단히 말하자면, 기적은 때로는 선한 존재, 때로는 해로운 존재, 때로는 인간에게 우호적인 존재, 때로는 인간에게 적대적인 존재를 항상 선한 존재로 만든다. 오로지 규칙의 제외는 신들과 기적 덕분이다. 신은 인간의 결핍과 한계의 제거Aufhebung이며, 이러한 제거는 바로 규칙의 제외를 초래한다. 기적은 자연에서의 결핍과 한계를 제거하는 것이다. 자연존재Naturwesen는 특정한 존재이며 따라서 제한된 존재이다. 이러한 자연존재의 한계는 비정상적인 경우에 인간에 대한 해로움의 이유가 된다. 그러나 그러한 한계는 종교의 의미에서는 필연적인 한계는 아니지만, 임의적이고, 신에 의해서 설정된, 따라서 급박하다면, 즉 인간의 행복Wohl이 필요하다면 제거할 수 있는 한계인 것이다. 기적은 그것이 신의 위엄과 지혜에 어울리지 않고, 이것들의 힘으로 처음부터 최고의 것이듯이 그렇게 모든 것을 영원히 확정하고 예정했다는 점을 구실로, 자연에 인간을, 오성에 종교를 바치는 것을, 신의 이름으로 무신론을 설교하는 것을 비판한다. 오직 인간의 그러한 부탁과 소원을 —이러한 부탁과 소원은 또한 신 없이도 충족되며, 이들의 충족은 자연적인 원인의 한계와 조건들 내부에 놓여 있는데— 실현해 주는 신, 따라서 단지 인위적인 것Kunst과 자연이 도울 때에만 도움을 주고, 의약품materia medica이 끝나는 것처럼 도움을 주는 것을 중단하는 그러한 신은 신이라는 이름 뒤에 숨겨진, 의인화된 자연의 필연성 외에 다른 것이 아니다.

<h1 style="text-align:center">53절</h1>

신에 대한 믿음은 인간적인(주관적인) 존재로서 자연(객관적인 존재)에 대한 믿음이거나 자연의 존재로서의 인간적인 존재에 대한 믿음이다. 전자의 믿음은 자연종교, 다신론[26]이며, 후자의 믿음은 정신-인간종교Geist-Menschreligion, 일신론이다. 다신론자는 자연을 위해 희생하고, 그는 자연에 인간의 눈과 심장을 내준다. 일신론자는 자연을 희생시키며, 그는 인간의 눈과 심장에 자연을 지배하는 힘과 주권을 내준다. 다원론자는 인간적인 존재를 자연에 의존하게 하고, 일신론자는 자연을 인간적인 존재에 의존하게 한다. 다원론자는 자연이 존재하지 않으면, 나도 존재하지 않는다라고 말한다. 그러나 반대로 일신론자는 내가 존재하지 않는다면, 세계, 자연은 존재하지 않는다고 말한다. 종교의 첫 번째 원리는 다음과 같다. 나는 자연에 반대하지 않으며, 모든 것은 나에게서 신이고, 모든 것은 나에게 의존감정을 불어넣으며, 설령 단지 우연하게일지라도, 그러나 인간은 원래 원인과 우연한 동기를 구분하지 않는데, 모든 것은 나에게 행운과 불행, 치료와 파멸을 가져올 수 있다. 따라서 모든 것은 종

---

26 자연종교로서의 다신론이라는 명칭은 일반적으로 그리고 완전히 오로지 상대적으로만, 오로지 반대명제적으로만 유효하다.

교의 대상이다. 이러한 무비판적인kritiklos 의존감정의 입장에서의 종교는 소위 물신숭배Fetischismus이며, 다원론의 토대이다. 그와 반대로 종교의 결론Schlußsatz은 다음과 같다. 모든 것은 나에게서 아무것도 아니고, 하늘의 별들의 모든 훌륭함, 다신론의 최고의 신은 인간의 영혼의 훌륭함 때문에 사라져 버리고, 세계의 모든 힘이 인간의 마음의 힘 때문에 사라져 버리며, 죽어 있고, 의식 없는 자연의 모든 필연성은 인간의 의식된 존재의 필연성 때문에 사라져 버린다. 왜냐하면 모든 것은 단지 나에게는 수단일 뿐이기 때문이다. 그러나 자연이 자기 스스로 존재한다면, 즉 자연이 신에 의해서 존재하지 않는다면, 자연은 나를 위해 존재하지 않을 것이다. 자연이 스스로 존재한다면, 따라서 자신의 존재근거를 자기 자신 속에 갖고 있다면, 자연은 이와 함께 또한 독자적인 본질, 근원적인, 나하고는 상관없는, 나에게 의존하지 않는 존재와 본질을 가질 것이다. 따라서 나 자신을 위한 것 외에 아무것도 아닌, 단지 인간을 위한 수단인 자연의 해석은 그런 까닭에 오로지 창조로부터 시작된다. 그러나 이러한 해석은 특히 인간이, 곤경 속에서처럼, 죽음의 위험 속에서처럼, 자연과의 충돌Kollision이 일어나는 경우에 드러난다. 하지만 이러한 자연은 기적 속에서 인간의 이익에 희생된다. 따라서 기적의 전제는 창조이고, 기적은 결론, 귀결이며, 창조의 진리이다. 창조는 유나 종이 개별적인 개체들에 관계하듯이 그렇게 기적에 관계한다. 기적은 특별하고 개별적인 경우의 창조행위이다. 또는 창조는 이론이며, 이러한 이론의 실천, 적용이 기적이다. 신은 원인이며, 인간은 세계의 목적이다. 즉 신은 이론에서의 첫 번째 존재이지만, 인간은 실천에서의 첫 번째 존재이다. 오로지 자연이 부득이한 경우에, 자연이 인간에 대해 아무것도 아니고 그리고 아닐 수 있도록, 자연은 신을 위한 것일 뿐이며, 신의 전능의 장난감 외에 다른 것이 아니다. 창조자 속에서 인간은 자신의 존재의 한계를, 즉 자신의 "영혼"의 한계를, 기적 속에서는 자신의 실존Existenz, 즉 자신의 신체의 한계를 없애 버린다. 창조자 속에서 인간은 자신의 비가시적인, 사유하는 그리고 사유된 존재를, 기적 속에서는 자신의 가시적인, 실천적인 개별적인 존재를 세계의 본질로 만들고, 창조자 속에서 인간은 기적을 합법화하며, 여기에서 인간은 오직 기적을 실행한다. 따라서 기적 속에서는 종교의 목적이 감각적이고 대중적인 방식으로 이루어진다. 자연에 대한 인간의 지배, 인간의 신성은 하나의 명백한 진리이다. 신은 기적을 행하지만, 인간의 부탁으로, 그리고 설령 명확한 기도가 아니더라도, 인간의 마음속에서, 인간의 가장 비밀스러운 가장 내적인 소원들과 일치하여 이루어진다. 사라는 자신이 늙은 나이임에도 신이 아들을 예고했을 때 웃었지만, 그러나 또한 여전히 후손을 얻는 것은 그녀의 최고의 계획이고 소원이었다. 따라서 비밀스러운 기적의 수행자Wundertäter는 인간인데, 그러나 시간이 흐르면서 —시간은 모든 비밀을 드러내므로— 인간은 공공연한, 가시적인 기적의 수행자가 되거나 또는 되어야만 한다. 먼저 인간은 기적을 받아들이고, 마침내 그 자신이 기적을 행한다. 먼저 인간은 신의 대상이 되고, 마침내 스스로 신이 된다. 먼저 신을 마음속에, 정신 속에, 사유 속에 받아들이고, 마지막에는 신을 육체 속에서 받아들인다. 그러나 사유Gedanke는 소심하고, 감성은 소심하지 않으며, 사유는 침묵하고 솔직하지 못하지만, 감성은 분명하고 솔직하게 말한다.

따라서 감성의 표현들은 그것이 이성에 어긋나면 웃음거리가 된다. 왜냐하면 여기에서 모순은 눈에 띄는 거부할 수 없는 모순이기 때문이다. 이것은 근대의 합리주의자들이 육체적인 신, 즉 감성적이고, 눈에 띄는 기적을 믿는 것을 부끄러워하지만, 비감성적인 신, 즉 비감성적인, 숨겨진 기적을 믿는 것을 부끄러워하지 않는지에 대한 이유이다. 그러나 따라서 단순한 믿음의 슬기로움Kirchenlicht 대신에 그리고 이성적인 믿음의 불분명한 상태 대신에 자연과 이성의 순수한 빛이 인간을 계몽시키고 따뜻하게 하는 곳에서 지금 이미 육체적인, 기적을 행하는, 즉 기독교적인 신이 미신으로 간주되듯이, 리히텐베르크Lichtenberg의 예언이 이루어지는 때, 즉 신에 대한, 따라서 또한 합리주의적인 신에 대한 믿음이 미신으로 간주될 때가 다가오게 된다.

<h1 style="text-align:center">54절</h1>

자신의 신을 위해 그에게 자연과학, 세계의 지혜나 자연적인 직관이 제공하는 것 외에 다른 어떤 재료Stoff를 갖고 있지 않은 사람, 따라서 신을 단지 자연적인 물질로 채우고, 그러한 신을 천문학, 물리학, 지질학, 광물학, 생리학, 동물학과 인간학의 법칙에 관한 원인이나 원리 외에 다른 어떤 것으로 생각하지 않는 사람은 또한 신의 이름을 포기할 정도로 그렇게 솔직하다. 왜냐하면 자연의 원리Naturprinzip는 신을 구성하는 것이 아니라 항상 자연적인 존재이기 때문이다.[27] 인간을 박물표본실Naturalienkabinett로 만든 교회도, 예배당Gotteshaus이 아니고 그리고 아니라고 일컬어지듯이, 그 본질과 작용들이 오로지 천문학적인, 지질학적인, 동물학적인, 인간학적인 작품들 속에서 나타나는 신은 신이 아니다. 신은 종교적인 단어이며, 종교적인 대상이고 존재이며, 물리적인, 천문

---

[27] 단어 사용에서 자의(Willkür)는 한계가 없다. 그러나 신과 종교라는 단어보다 그렇게 자의적으로 사용되고, 그렇게 모순적인 의미들을 지닌 단어들은 없다. 이러한 횡포, 이러한 혼란은 어디에서 오는가? 사람들이 유서 깊은 의견들에 모순되는 공포와 수줍음으로부터 ―왜냐하면 그것은 세계를, 신을 믿는 세계조차 지배하는 이름일 뿐이고, 가상일 뿐이기 때문인데― 낡은 이름들을 유지하고, 비로소 시간이 흐르면서 획득한 완전히 다른 개념들을 그것과 결합하기 때문이다. 이처럼 그리스의 신들은 시간이 흐르면서 가장 모순적인 의미들을 지녔던 것이고, 기독교의 신도 그랬던 것이다. 종교는 스스로를 유신론이라고 부르는 무신론이고, 현대의 진정한 기독교는 스스로를 기독교로 부르는 반기독교이다. 세상은 속고 싶어 한다(Mudus vult decipi).

학적인, 간단히 말하자면 우주적인 존재가 아니다. 루터는 만찬연설에서 다음과 같이 말한다. "신과 신에 대한 예배Deus et Cultus는 짝을 이루고, 하나는 다른 하나 없이 존재할 수 없다. 신은 인간의 신 또는 민족의 신이어야만 하고 항상 술어적 관계Praedicamento Relationis 속에서 언급되고 서로 스며든다. 신은 그를 부르고 경의를 표하는 사람들을 원하는데, 신을 갖고 있는 것과 신에게 경의를 표하는 것은 결혼상태Ehestand에 있는 남편과 부인처럼 짝을 이루고, 한쪽은 다른 한쪽 없이는 존재할 수 없기 때문이다." 따라서 신은 그를 숭배하고 그에게 기도하는 인간을 전제로 한다. 신은 그 개념이나 표상이 자연에 의존하는 것이 아니라 종교적인 인간에 의존하는 존재이다. 기도의 대상Gegenstand은 기도하는 존재 없이는 존재하지 않는다. 즉 신은 그 존재가 오직 종교의 존재Dasein와 함께, 그 본질이 오직 종교의 본질과 함께 주어져 있는 대상Objekt이며, 따라서 이러한 대상은 종교의 외부에 있지 않고, 종교와 구분되지 않으며, 종교에 의존하고, 이러한 대상 속에서는 종교에서 주관적으로 포함되어 있는 것 이상의 것이 객관적으로 포함되어 있지 않다.[28] 소리Schall는 대상적인 존재, 즉 귀의 신이며, 빛은 대상적인 존재, 즉 눈의 신이다. 소리는 오직 귀를 위하여 존재하며, 빛은 오직 눈을 위해 존재한다. 당신은 당신이 소리 속에 갖고 있는 것, 즉 떨리고, 진동하는 신체, 넓어진 피부, 묽고 탄력 있는gallertartig 물질을 귓속에서 갖고 있다. 이에 반해 눈 속에서 당신은

---

28 따라서 하나의 존재, 단지 철학적인 원리, 그러나 종교, 숭배, 기도 심정(Gemüt)의 대상이 아닌 철학의 대상은 소원을 이루어 주지 않고, 기도를 들어주지 않는 존재이며, 그것은 또한 단지 이름에 따른 신일뿐이지 본질에 따른 신은 아니다.

빛을 지각하는 기관을 가지고 있다. 따라서 신을 물리학, 천문학, 동물학의 대상이나 본질로 만드는 것은 바로 사람들이 음향을 눈의 대상으로 만들려고 하는 것과 마찬가지이다. 음향은 오직 귓속에서 그리고 귀를 위해 존재하듯이, 신은 오직 종교 속에서 그리고 종교를 위해서만, 오직 믿음 속에서 그리고 믿음을 위해서만 존재한다. 청각의 대상으로서 소리나 음향이 오직 귀의 본질이듯이, 오직 종교의 대상, 믿음의 대상인 대상으로서의 신은 또한 단지 종교의 본질, 믿음의 본질을 나타낸다. 그러나 무엇이 하나의 대상을 종교적인 대상으로 만드는가? 우리가 보았듯이, 그것은 오직 인간의 환상 또는 상상력과 인간의 마음이다. 당신이 여호수아나 성스러운 소에 기도를 하든, 당신이 천둥이나 그리스도에게 기도를 하든, 당신이 황금해안의 흑인들처럼 당신의 그림자에게 기도를 하든, 또는 당신이 옛날의 페르시아인처럼 당신의 영혼에게 기도를 하든, 당신이 방귀Flatus Ventris에 기도를 하든 또는 당신의 수호신Genius에게 기도를 하든, 간단히 말하자면 당신이 감성적이거나 정신적인 존재에게 기도를 하든, 그것은 같은 것이다. 종교의 대상은 어느 정도까지는 환상과 감정의 대상, 믿음의 대상인 어떤 것일 뿐이다. 왜냐하면 종교의 대상은, 그 대상이 종교의 대상이듯이, 현실 속에서 존재하지 않고, 이러한 현실과 오히려 모순 속에 있기 때문에, 종교의 대상은 단지 믿음의 대상일 뿐이다. 이처럼, 예를 들면, 인간의 불멸성 또는 불멸하는 존재로서 인간은 종교의 대상이지만, 그러나 바로 그렇기 때문에 단지 믿음의 대상일 뿐이다. 왜냐하면 현실은 바로 반대의 것, 즉 인간의 유한성Sterblichkeit을 보여 주기 때문이다. 믿음은 존재하지 않는 것을 존재하는 것으로 상상

한 것, 예를 들면, 이 그림을 살아 있는 존재로, 이 빵을 살Fleisch로, 이 포
도주를 피로, 즉 존재하지 않는 것을 존재하는 것으로 상상하는 것을 말
한다. 따라서 당신이 신을 망원경으로 천문학자의 하늘에서, 또는 돋보
기Loupe로 식물정원에서, 또는 광물학적인 망치로 지질학의 광산에서,
또는 생물학적인 칼과 현미경으로 동물과 인간의 내장에서 찾기를 바란
다면 종교에 대한 엄청난 무지Unerkenntnis를 보여 주는 것이다. 당신은
신을 오직 믿음 속에서, 오직 상상력 속에서, 오직 인간의 마음속에서 발
견할 수 있다. 왜냐하면 신 자체는 환상과 상상력의 존재, 즉 인간의 마
음의 존재 외에 다른 것이 아니기 때문이다.

55절

"당신의 마음처럼, 그렇게 당신의 신이 존재한다." 인간이 원하는 것처럼, 그렇게 인간의 신들이 존재한다. 그리스인들은 제한된 신들을 갖고 있었다. 이것은 그리스인들이 제한된 소원을 가졌다는 것을 의미한다. 그리스인들은 영원히 살기를 바라지 않았다. 그들은 단지 늙지 않고 죽지 않기를 원했을 뿐이다. 그들은 단지 지금 불쾌한 것이 인간에게 항상 너무 일찍 오지 않기를, 한창 좋을 때가 아니기를, 폭력적이고, 고통스러운 죽음으로 죽지 않기를 원했을 뿐이다.[29] 그들은 구원을 얻기를 원치 않았으며, 단지 행복해지기를, 단지 육체적 고통 없이 가볍게 살기를 원했을 뿐이다. 그리스인들은 기독교인들처럼, 그들이 자연의 필연성에, 성욕이라는 욕망에, 잠의 욕망에, 먹는 것과 마시는 것의 욕망에 예속되어 있다는 점에 대해 탄식하지 않았다. 그리스인들은 그들의 소

---

[29] 따라서 인간이 죄를 짓지 않는다면, 기독교적인 환상의 파라다이스에서 인간은 죽을 수 없고 그리고 죽지 않는 반면에, 크로노스의 행복한 시대일지라도 그리스인들에게서 인간은 잠드는 것처럼 온화하지만 죽는다. 이러한 생각 속에서 인간의 자연스러운 소원이 실현된다. 인간은 결코 불멸하는 삶을 바라지 않는다. 인간은 단지 오랫동안 신체적으로 정신적으로 건강한 삶을 원하며, 자연스러운, 고통 없는 죽음을 원할 뿐이다. 따라서 불멸성에 대한 믿음을 제거하는 것에는 엄청난 스토아적인 체념이 속하지 않는다. 기독교적인 교리는 단지 초자연적인, 환상적인 소원들에 근거하고 있다는 점을 확신하고, 그리고 인간의 단순한, 실제적인 본성으로 되돌아가는 것만이 여기에 속할 뿐이다.

원 속에서 인간적인 본성의 한계를 표현하였다. 그들은 무로부터의 창조자가 아니었으며, 그들은 아직 물로 포도주를 만들지 않았다. 그리스인들은 자연의 물을 깨끗이 하고, 증류하여 그것을 단지 유기적인 방식으로 신들의 과즙Saft으로 변화시켰다. 그리스인들은 신적인, 기쁨이 넘치는 삶의 내용을 단순한 상상으로부터가 아니라 존재하는 세계의 재료로부터 만들어 냈다. 그리스인들은 이 대지Erde를 토대로 올림포스를 세웠다. 그리스인들은 신적인 존재, 즉 가능한 존재를 실재적인 존재의 원형, 목표 그리고 척도로 삼지 않고, 실재적인 존재를 가능한 존재의 척도로 삼았다. 그리스인들이 철학을 수단으로 자신들의 신들을 세련되게 하여 정신적으로 승화시켰지만, 그들의 소망은 현실의 기반 위에, 인간적인 본성의 기반 위에 서 있었다. 신들은 실현된 소망들인데, 그러나 철학자의, 사상가 자신의 최고의 소망, 최고의 행복은 방해를 받지 않고 사유하는 것이다. 따라서 그리스 철학자들의, 적어도 가장 탁월한 그리스의 철학자, 철학적인 제우스, 즉 아리스토텔레스의 신들은 방해를 받지 않은 사상가들이다. 축복Seligkeit, 신성은 중단되지 않은 사유의 활동 속에 존재한다. 그러나 이러한 활동, 이러한 축복은 이 세계 안에서의, 인간적인 본성 안에서의 —여기에서 바로 중단한다면— 현실적인 것이고, 하나의 규정된, 특별한, 따라서 기독교인의 의미에서 축복의 본질에 모순되는 제한된 초라한 축복인 것이다. 왜냐하면 기독교인들은 제한된 신이 아니라, 제한되지 않은, 모든 필연성을 넘어서는 숭고한, 초인적인, 속세를 떠난 초월적인 신을 갖고 있기 때문이다. 즉 기독교인들은 제한되지 않은 초월적인, 세계를 넘어서는, 자연을 넘어서는, 인간적인 본질을 넘어서는 소망, 즉 절대적으로 환상적인 소망을 갖고 있기 때문이다. 기독교인들은 올림포스의 신들보다 더 무한하게 그리고 더 행복하기를 원하기 때문이다. 그들의 소망은 모든 한계, 모든 자연의 필연성이 제거되고, 모든 소망들이 충족된[30] 천국이며, 어떠한 욕구도, 어떠한 고통도, 어떠한 상처도, 어떠한 싸움도, 어떠한 욕정도, 어떠한 방해도, 그리스인들의 천국에서처럼 낮과 밤, 빛과 그림자, 즐거움과 고통의 어떠한 변화도 일어나지 않는 천국이다. 간단히 말하자면, 기독교인들의 믿음의 대상은 더 이상 제한된, 규정된 신, 제우스나 포세이돈 또는 헤파이스토스라는 특정한 이름을 가진 신이 아니라, 완전한 신, 즉 이름 없는 신이다. 왜냐하면 기독교인들의 소망의 대상은 이름을 지닌, 유한한, 지상적인 행운, 특정한 기쁨, 사랑의 기쁨, 또는 아름다운 음악의 기쁨, 또는 도덕적인 자유의 기쁨, 또는 사유의 기쁨이 아니라 모든 기쁨을 포괄하는, 그러나 바로 그렇기 때문에 도가 지나친, 모든 표상들을, 모든 개념들을 넘어서는 기쁨, 무한한, 제한되지 않은, 표현할 수 없는, 설명할 수 없는 축복이기 때문이다. 축복과 신Gottheit은 하나이다. 믿음, 표상의 대상으로서, 이론적인 대상으로서의 축복은 신이며, 마음의 대상, 의지[31]의 대상, 소

---

30   루터는 "그러나 신이 있는 곳(즉 하늘)에는, 사람들이 오로지 항상 소망할 수 있도록 그렇게 모든 재화들(Güter)이 함께 있어야만 한다"고 말한다. 사바리(Savary)의 번역에 따르면 코란에서 파라다이스의 거주자들에 대해서도 이와 똑같이 언급된다. 단지 그들의 소원의 종류만이 다를 뿐이다.

31   그런데 무엇보다도 도덕주의자의 의미에서 의지는 종교의 특수한 본질에 속하지 않는다. 왜냐하면 내가 나의 의지를 통해 도달할 수 있는 것을 위해 나에게 신들이 필요하지 않기 때문이다. 도덕을 종교의 본질적인 주제로 만드는 것은 종교의 이름을 유지하지만, 종교의 본질을 추락시키는 것이다. 사람들은 신 없이 도덕적일 수 있지만, 그러나 사람들은 신 없이는 축복 ―초자연적인, 기독교적인 의미에서의 축복― 받을 수 없다. 왜냐하면 이러한 의미에서의 축복은 자연과 인간의 한계와 힘의 외부

망의 대상으로서, 실천적인 대상으로서의 신은 축복이다. 또는 오히려 신은 그 진리와 실재성이 오로지 축복인 하나의 표상이다. 축복이 요구되는 한, 신이라는 표상은 더 이상 계속되지 않는다. 더 이상 초자연적인 소원을 갖고 있지 않은 사람은, 또한 더 이상 초자연적인 존재를 갖지 않는다.

에 놓여 있기 때문이며, 따라서 그러한 축복은 그것의 실현을 위해 초자연적인 존재, 즉 자연과 인간에게는 불가능한 것이고 불가능할 수 있는 존재를 전제로 한다. 따라서 칸트가 도덕을 종교의 본질로 삼았을 때, 그는 아리스토텔레스가 이론(Theorie)을 신들의 본질로 삼았을 때 그리스의 종교에 관계한 것처럼, 기독교적인 종교에 동일한 관계 또는 유사한 관계에 놓여 있었다. 단지 사변적인 존재, 단지 지성인 신은 신이 아니며, 단지 도덕적인 존재, 또는 "인격화된 도덕 법칙"은 신이 아니다. 물론 또한 제우스가 웃으면서 올림포스에서 신들의 싸움을 내려다볼 때, 그는 철학자이지만, 그러나 엄청난 그 이상의 존재이다. 물론 기독교의 신은 또한 도덕적인 존재이다. 그러나 엄청난 그 이상의 존재이다. 도덕은 단지 축복의 조건일 뿐이다. 특히 철학적인 이교도(Heidentum)와 달리 기독교의 축복에 근거로 놓여 있는 사상은 단지 인간의 전체 존재의 만족 속에서 참된 축복을 찾는 것, 따라서 기독교가 또한 신체, 살(Fleisch)을 축복과 하나인 신성에 참여하게 하는 것 외에 다른 것이 아니다. 하지만 이러한 사상의 개진은 여기에 속하는 것이 아니라 "기독교의 본질"에 속한다.

포이어바흐의 철학적 특징을 가장 잘 드러내는 표현을 한 문장으로 제시해야 한다면, 그것은 "인간은 인간에게 신이다(homo homini deus)"일 것이다. 헤겔철학비판에서부터 사변적 형이상학비판과 종교비판에 이르는 포이어바흐의 철학적 여정은 바로 인간존재의 본질이 신적인 것이라는 점을 선포하는 데 있다고 할 수 있다. 그에 따르면 모든 형이상학과 종교에서 전제하거나 목표로 하는 신의 존재는 다름이 아니라 유한한 인간이 자신의 존재를 위하여 만들어 낸 상상력의 산물일 뿐이다. 신의 존재는 유한한 인간의 본질이 투사된 것일 뿐이다. 이기주의를 존재특성으로 하는 유한한 인간존재가 자신의 존재를 위해 상상력의 힘을 통해 만들어 낸 것이 신의 존재이다. 그러나 전통형이상학과 종교는 이러한 신이라는 상상력의 산물을 실재하는 대상으로 간주하여 인간 자신의 존재를 부정하는 자기부정으로 향할 것을 역설적으로 강조하고, 여기에서 인간의 자기소외가 일어난다.

신의 존재를 이처럼 규정하는 포이어바흐는 형이상학과 종교의 본질에 대한 심층적이고 비판적인 논의를 통해 지금까지 형이상학과 종교가 만들어 낸 온갖 형태의 왜곡된 도그마들을 해체하여 우리로 하여금 다시 인간에 대한 올바른 이해로 되돌아갈 것을 요청한다. 그에 따르면 만약 형이상학과 종교가 인간과 자연의 본질에 대한 현사실적인 이해에서 출발했다면 인간의 본질에 대한 그토록 추상적이고 허구적인 주장들을 제시하지 않았을 것이다. 그러나 전통형이상학과 종교는 인간과 세계의 본질을 외면한 채 피상적으로 현실세계를 파악하면서 인간과 세계에 대한 왜곡된 해석만을 제시하였다.

포이어바흐는 인간의 감성을 강조하는데, 이런 점에서 우리는 그의 철학을 감성적 인간학sinnliche Anthropologie이라고 부를 수 있다. 그는 무엇보다도 철학이 인간학이어야 한다는 점을 강조한다. 그의 감성적 인간학은 인간의 본질적인 특징을 이성적 동물로 규정하는 전통철학을 해체하면서 인간의 소외현상을 극복하고자 한다. 이런 점에서 포이어바흐의 철학은 이성이 아니라 감성을 그리고 궁극적으로는 신이 아니라 인간을 전면에 내세운다. 여기에서 우리가 간과해서 안 될 것은 포이어바흐철학의 출발점이 인간의 유한성에 놓여 있다는 점이다. 그는 유한한 것이야말로 철학의 진정한 대상이라는 점을 강조하는데, 이런 점에서 그는『철학의 개혁을 위한 잠정적인 테제』에서 다음과 같이 말한다. "철학의 시원Anfang은 신이 아니며, 절대자가 아니며, 절대자나 이념의 술어로서의 존재가 아니다. 철학의 시원은 유한한 것das Endliche, 특정한 것, 실제적인 것이다. 무한한 것은 유한한 것 없이는 결코 사유될 수 없다."[32] 이러한 입장은 인간과 세계에 대한 전통철학의 입장을 전도시킨다.

주지하듯이, 포이어바흐는 처음에 독일의 하이델베르크대학에서 신

32　Ludwig Feuerbach, Sämtliche Werke 2, 230쪽.

학연구를 시작하다가 이후에 베를린대학으로 옮겨 가서 당대의 독일관념론을 선도했던 헤겔의 강의를 직접 듣게 되고 이로부터 많은 영향을 받게 된다. 특히 그는 논리학과 형이상학, 종교철학, 법철학강의를 들으면서 헤겔의 철학에 관심을 갖게 된다. 초기에 그는 헤겔철학의 영향 속에 놓여 있었지만, 이후에 곧 헤겔철학을 비판한다. 이후에는 에어랑겐Erlangen대학으로 옮겨 이곳에서『이성의 무한성, 단일성 그리고 보편성 *De ratione, una, universali, infinita*』으로 박사학위를 받는다.

포이어바흐에 따르면 헤겔은 사변철학의 정점에 서 있다. 특히 그는 1839년『헤겔철학비판*Zur Kritik der Hegelschen Philosophie*』에서 순수한 무규정성에서 출발하는 헤겔의 입장을 비판한다. 헤겔이 말하는 순수 존재는 단지 추상작용에 의해서 상정된 공허한 존재일 뿐이다. 포이어바흐는 존재는 보편적인 것, 무규정적인 것이 아니라 구체적이고 개별적인 것이라는 점을 강조한다. 인간의 감성과 신체성Leiblichkeit을 철학의 출발점으로 삼는 포이어바흐에게 사유와 존재의 매개를 바탕으로 절대자의 자기전개를 강조하는 헤겔철학은 단지 사변에 불과한 것이다. 포이어바흐의 감성적 인간학은 모든 형태의 사변철학을 전면적으로 부정한다. 이것은 그가 에어랑겐대학에서 해부학, 식물학, 생리학 등의 자연과학을 연구한 것이 영향을 준 것으로 보인다. 당시의 최신 자연과학에 대한 포이어바흐의 이러한 관심이 그로 하여금 전통철학의 폐쇄적인 인간과 세계해석을 벗어나게 하는 역할을 한 것이다. 특히 인간의 신체성을 바탕으로 정신, 사유, 이성의 작용을 신체작용에 의존하는 것으로 간주하는 포이어바흐의 배경에는 자연과학적 세계해석이 작용하고 있다고 할 수 있다.

여기에서 그는 세계 또는 자연을 신의 창조물로 규정하거나 신과 대립하는 것으로 규정하는 입장을 거부한다.

이성과 체계를 강조하는 헤겔의 철학은 개인의 구체적인 실존과 현실성을 추상적으로 파악할 뿐이다. 특히 헤겔의 사변철학은 인간의 모든 경험과 실존을 절대자, 이성의 자기전개를 위한 하나의 과정 또는 수단으로 변질시켜 버린다. 포이어바흐에 따르면 사유와 존재의 변증법 위에 자리 잡은 헤겔의 사변철학은 이성의 맹신 위에 세워진 유령의 학문일 뿐이다. 이런 점에서 포이어바흐는 자신의 주저라고 할 수 있는『기독교의 본질』에서 헤겔철학이 단지 "합리적 신비학rationelle Mystik"에 불과할 뿐이라고 비판한다. 왜냐하면 이성은 신학에서의 신을 의미하기 때문이다. 그에 따르면 헤겔철학은 신학에 불과한 것이다. 헤겔철학에 대한 이 같은 비판은『철학의 개혁을 위한 잠정적인 테제』와『미래철학의 원칙』등에서도 잘 드러난다.

이처럼 인간의 유한성에 주목하는 포이어바흐는 종교현상에 관심을 드러낸다. 왜냐하면 종교가 인간의 유한성을 승인하는 것에서 비로소 시작하는 것이라고 보기 때문이다. 하이델베르크대학에 입학하여 신학을 공부하였던 그에게서 종교는 인간의 유한성을 적극적으로 논의해야만 했다. 주지하듯이, 인간의 유한성에 대한 관심은 포이어바흐가 1830년에 쓴『죽음과 불멸성에 대한 사유』에서 잘 드러나고 있다. 이 책은 처음에 익명으로 출간되었지만 곧바로 출판이 금지된다. 여기에서는 먼저 죽음의 다양한 이유들이 논의되고 이러한 죽음과 삶의 긴밀한 관계가 논의된다. 포이어바흐에 따르면 죽음은 유기체로서의 인간이 경험해야만 하는 당연한 현상이고 필연적인 사건이다. 인간은 어떠한 경우에도 이러한 죽음을 회피할 수 없다. 신체를 지닌 인간은 소멸하는 것이 자연스러운 일이기 때문이다. 생겨난 모든 것은 반드시 소멸을 맞이해야만 한다. 전통철학이나 종교에서처럼 인간을 불멸하는 영혼을 지닌 존재로 규정하는 것을 거부하는 포이어바흐는 자연의 모든 생명체가 탄생과 소멸의 과정을 겪는 것처럼, 인간존재도 반드시 죽음이라는 자연스러운 현상을 경험해야만 한다는 것을 강조한다.

이처럼 죽음을 인간의 숙명으로 받아들이는 포이어바흐의 철학은 전통철학을 각인했던 정신과 물질, 영혼과 육체의 이분법을 거부하는 것과 연결된다. 즉 죽음이라는 인간의 현사실적 사건을 받아들이면서 인간의 본질을 영혼으로 규정하고 이러한 영혼의 불멸성을 강조하는 모든 형태의 철학과 종교를 비판한다. 또한 인간의 감성을 통해 경험하는 지금 여기의 구체적인 세계를 철학과 종교의 대상으로 삼아 전통철학과 종교가 설정한 초월적인 세계, 피안의 세계를 부정한다. 유한한 시간과 공간 속에서 전개되는 인간의 삶만이 실재하는 것이며, 이것이 그가 정초하려는 미래철학과 진정한 종교의 출발점이다. 여기에서 포이어바흐의 철학은 철학과 종교를 각인하는 특징을 인간학으로 규정한다. 이를 통해 그는 철학과 종교의 근본적인 내용이 인간에 그 기반을 두고 있어야 한다는 점을 부각한다.

포이어바흐는, 간략하지만 종교의 기원과 본질 그리고 인간의 본성에 대해 심도 있게 다룬 『종교의 본질』에서 감성적 인간학을 바탕으로 전통형이상학과 종교에서 전개된 인간과 종교의 본질에 대한 논의를 해체하고 있다. 1845년에 쓰인 이 저서는 이미 『죽음과 불멸성에 대한 사유』에서 전개된 인간이해를 바탕으로 『기독교의 본질』에서 언급된 인간과 종교의 본질에 대한 논의들을 압축적이면서 논증적으로 전개하고 있다. 아포리즘적인 특징을 갖고 있는 이 저서는 비록 분량은 적지만 인간이 종교에 의지하게 되는 형이상학적 배경과 근거들을 명확한 논증으로 전개한다는 점에서 다른 어떤 저서보다도 포이어바흐의 종교이해를 충실하게 드러내고 있다. 좀 더 나중에 출판된 『종교의 본질에 대하여 *Vorlesungen über das Wesen der Religion*』는 이 책의 내용을 바탕으로 좀 더 확장하여 설명한 것이라고 할 수 있다.

『종교의 본질』은 총 55절로 구성되어 있고, 각 절이 상이한 분량을 지니고 있으며, 다루어지는 내용들도 절별로 상이하다. 그러나 어느 곳을 보아도 이 저서에서 시도하는 것이 인간과 종교의 본질에 대해 전통형이상학이 제시한 주장들을 해체하는 것이라는 점이 분명하게 드러난다. 하지만 이 책에서 제시되는 종교에 대한 비판적인 주장들이, 포이어바흐가 인간과 종교의 연관성을 전적으로 부정한다는 것을 의미하지는 않는다. 그에 따르면 인간이, 유한한 인간이 종교적이라는 점은 부인할 수 없는 사실이다. 포이어바흐는 왜곡된 인간이해에 근거한 종교의 역할을 거부한다.

그에 따르면 모든 형태의 종교는 유한한 인간의 의존감정Abhängigkeitsgefühl에 근거하고 있다. 이러한 의존감정은 『기독교의 본질』에서 모든 형태의 종교를 관통하는 근본적인 출발점으로 제시된다. 『기독교의 본질』은 종교의 인간학적 본질을 탐구하는 저서인데, 이러한 탐구는 신학에 의해 왜곡된 종교의 본래적 의미를 회복시키는 것을 목표로 하고 있다. 그에 따르면 여기에서 언급되는 신학은 전통철학과 마찬가지로 왜곡된 인간이해와 세계해석에 근거하고 있다. 『종교의 본질』에서는 왜곡된 종교를 관통한 형이상학의 특징들이 무엇인지 그리고 종교의 진정한 기원이 무엇인지를 심도 있게 논의하고 있다.

포이어바흐는 이성적 동물로 규정되는 전통적인 인간이해를 해체한다. 인간은 더 이상 정신 또는 영혼을 본질로 하는, 사유하는 실체적인 존재가 아니다. 또한 순수 자아나 순수의식과 같은 것이 아니다. 인간은 단지 특정한 시간과 공간 속에서 구체적이고 개별적인 삶을 살아가는 유한한 존재일 뿐이다. 모든 인간은 삶의 한가운데에서 다양한 방식으로 자신의 유한성을 경험한다. 여기에서 인간은 자신의 유한성과 자연에 대한 두려움을 극복하기 위해 종교를 만들어 내고, 자신의 유한성을 극복하기 위해 자연의 특정한 대상들을 의존의 대상으로 삼는다. 여기에서 종교의 출발점은 다른 것이 아니라 바로 의존감정이라는 것이 밝혀진다.

그러나 포이어바흐는 이러한 의존감정을 특징으로 하는 종교가 종교의 대상으로서 세계의 궁극적인 원인이나 창조자로서의 신을 상정하여 그것을 숭배의 대상으로 삼는 것을 비판한다. 특히 기독교는 자연을 숭배하는 자연종교와 달리 세계의 궁극적인 원인이나 근거로서의 신을 상상한다. 기독교는 무로부터의 창조를 주장하면서 창조자에 의해 인간의 삶이 지배를 받는다는 점을 강조한다. 신은 그의 피조물인 세계를 만들고 유지하는 존재인 것이다. 포이어바흐는 기독교가 인간의 유한성을 강조한다는 점 자체를 비판하지는 않는다. 왜냐하면 인간의 유한성에 주목하는 것은 모든 종교의 근본적인 출발점이기 때문이다. 그는 기독교가 인간의 이러한 유한성을 극복하기 위하여 추상작용과 상상력의 산물인 신을 숭배하거나 신을 위해 인간 자신을 부정하거나 소외시키는 것을 비판한다.

그에 따르면 신에 대한 숭배는, 실제로는 인간의 자기숭배에 불과한 것이다. 왜냐하면 인간에게 유용한 것, 의미 있는 것이 숭배의 대상이 되기 때문이다. 여기에서 그는 고대의 자연종교에서 자신의 존재에 도움이 되는 동물이나 물건들이 종교적 숭배의 대상이 되었다는 점을 강조한다. 종교의 대상은 인간에게 도움을 가져다주는 유용한 것이다. 하지만 포이어바흐는 종교의 대상인 신을 추상적으로 최초의 원인이나 창조자로 규정하는 전통형이상학과 종교의 입장을 비판하는데, 유한한 인간이 경험할 수 있는 것은 이성의 추론을 통해 만들어 낸 최초의 원인으로서의 신이 아니기 때문이다. 그에 따르면 사변적 형이상학의 추론을 바탕으로 전개된 최초의 원인 또는 자기 원인으로서의 신의 개념은 단지 "명목상의 원인"일 뿐이며, 유신론자들이 만들어 낸 공상적 산물에 불과하다. 유신론자들은 자연의 존재를 자연 자체 안에서 설명하는 것이 아니라 자연 밖에 있는 것으로부터 설명하기 때문에, 최초의 원인으로서의 신의 존재를 가정하게 된다. 그러나 포이어바흐는 자연의 근거로서의 신과 자연 사이의 근원적인 차이와 단절을 강조하는 유신론자들의 입장이 자연의 생성과 변화 그리고 소멸을 설명할 수 없다고 비판한다. 만약 신적인 존재가 있다고 하더라도 그것은 자연의 구체적인 내용물들을 통해 그 존재를 드러낼 수 있을 뿐이다. 따라서 자연과 완전히 구분되는 소위 제1원인causa prima으로서의 신의 존재를 상정하는 것은 환상에 불과하며 인간에 주어진 경험의 한계를 간과한 것이다.

포이어바흐는『종교의 본질』에서 자연을 배타적으로 이해하는 기독교와 달리 진정한 종교는 인간과 자연의 긴밀한 관계에 주목한다는 점을 강조한다. 인간의 삶에 실질적으로 도움을 주는 것은 자연이기 때문이다. 그가 여기에서 강조하는 것은 유한한 인간, 감성적 존재로서의 인간이 오직 자연을 통해 그리고 자연 속에서만 자신의 삶을 유지해 나간다는 점이다. 이미 자연종교에서 인간과 자연의 관계가 주목받았던 것처럼, 인간은 자신의 존재를 위해 자연과의 긴밀한 관계를 가져야만 한다. 이런 점에서 그는 종교의 진정한 본질은 인간과 자연의 관계를 올바르게 연결해 주는 것이어야 한다는 점을 강조한다. 그렇기 때문에 자연을 어떤 초자연적인 존재가 지배하거나 이끌어 간다는 주장을 받아들여서는 안 된다. 신이 존재한다고 할지라도 그것은 자연의 또 다른 이름에 불과한 것이다. 이런 점에서 포이어바흐는 자연을 불완전한 것, 물질적인 것, 이차적인 것으로 규정하는 것을 허용하지 않는다. 따라서 이처럼 자연과 인간의 긴밀한 관계를 상정하는 그에게서 지금 여기의 세계를 벗어난 초월적인 세계나 대상은 존재하지 않는다.

하지만 이처럼 자연과 인간의 긴밀한 관계를 주목하는 포이어바흐도 자연이 항상 개체로서의 인간에게 우호적인 관계를 제공해 주는 것은 아니라는 점을 인정한다. 자연 자체도 끊임없이 변화하며 따라서 이러한 자연에 대한 인간의 관계도 변할 수밖에 없다. 이러한 자연을 이끌어 가는 보편적인 법칙이나 원리는 존재하지 않기 때문에, 자연의 변화는 예

측하기 어려우며, 인간은 이러한 자연의 지속적인 변화 속에서 항상 갈
등적이고 불안정한 상태에 놓이게 된다. 종교가 상정하는 자연 속에서
신의 섭리나 합목적성은 존재하지 않는다. 포이어바흐에 따르면 인간은
최초의 원인이나 궁극적인 목적을 알 수 없고, 단지 중간계열, 즉 가깝고
구체적인 범위에서의 현상들의 관계를 경험할 수 있을 뿐이다. 신의 섭
리나 자연의 합목적성은 전통종교에서 인간과 신의 관계를 설정해 주는
중요한 역할을 하는 원리이다. 그러나 자연을 대립과 갈등 상태에 있는
것으로 파악하는 그에게서 세계의 단일성 또는 통일성은 인간의 상상력
이 만든 개념일 뿐이다. 자연은 단지 서로 대립하는 힘들의 현상이고, 갈
등 속에서 존재할 뿐이다.

　포이어바흐는 인간의 삶과 세계의 근원을 설명하는 것이 어렵다는
점을 인정한다. 하지만 이러한 어려움 때문에 신학을 통해 세계를 설명
하는 것은 반대한다. 물론 인간에게는 이러한 미지의 영역인 세계의 근
원을 끊임없이 탐구해야 할 과제가 주어진다. 그러나 이러한 과제는 결
코 신학적 상상이나 사변을 통해, 초자연적이고 비물질적인 존재들을 상
정하는 것을 통해 수행되어서는 안 된다. 무한, 통일성, 영원과 같은 개
념들을 통해 이러한 세계를 파악할 수는 없다. 여기에서 그는 추상적인
것, 보편적인 것을 사유하는 것이 아니라 구체적인 것, 개별적인 것을 경
험하는 것이 세계해석의 올바른 태도라는 점을 강조한다. 사변의 건축물
이 아니라 오로지 자연의 경험 속에서 비로소 주어지는 현실성만이 인간
이 서 있어야 할 토대인 것이다. 세계 또는 자연을 추상적인 사유의 결과
물로 환원시키는 것은 왜곡된 신학적 사유의 결과일 뿐이다. 포이어바흐

에 따르면 자연에 대한 신학적 사유와 형이상학적 해석은 자연을 사유의 부산물, 복사물로 만들어 버리는 것이며, 논리적인 유희일 뿐이다. 자연의 존재를 신학적 사유와 형이상학으로부터 도출하는 것은 인간의 자기 포기이며 자기소외를 야기할 뿐이다.

포이어바흐는 『종교의 본질』에서 전통철학과 종교가 왜곡한 자연의 본질에 대한 올바른 이해를 제시한다. 그에 따르면 자연은 종교의 근본적인 대상이다. 이때의 자연은 전통종교와 사변철학 또는 자연과학에서 파악하는 그러한 자연과는 구분되어야 한다. 종교는 우리가 경험하는 다양한 자연현상을 선과 악 그리고 인간의 소망과 연결 지어 해석한다. 그러나 이것은 자연을 주관적인 존재, 인간적인 존재로 변질시켜 버리는 것이다. 포이어바흐는 이러한 자연의 인간화를 거부한다. 여기에서 우리는, 포이어바흐가 고대의 자연종교에 대해 우호적인 입장을 갖는다는 것이 종교의 대상을 초월적인 또는 초자연적인 대상으로 삼지 않았다는 것뿐이지, 결코 자연종교에서의 자연이해를 수용하는 것이 아니라는 점을 간과해서는 안 된다. 왜냐하면 포이어바흐는 이러한 자연종교에서도 마찬가지로 자연의 인간화가 근본토대로 자리 잡고 있다고 보기 때문이다. 자연종교가 자연과 인간의 조화로운 관계를 추구했다는 점은 주목해야 하지만, 기독교와 마찬가지로 자연으로부터의 자유를 획득하는 것이 자연종교의 궁극적인 목표이기 때문이다. 초자연적인 대상을 인격적인 존재로 변질시키는 기독교의 입장은 당연히 비판되어야 하지만, 자연을 인격적인 존재로 간주하는 자연종교의 입장도 역시 비판되어야 한다. 물론 특정한 자연의 대상을 숭배의 대상으로 삼는 자연종교에서의 자연이

해는 비록 그 대상이 초자연적인 것이 아니라는 점에서는 기독교의 입장과 구분되어야 하지만, 그러나 자연종교도 인간과 자연 사이에 놓여 있는 근원적인 단절과 갈등을 간과하여 인간과 자연의 관계를 변질시킨다. 그에 따르면 자연종교 역시 상상과 실재, 사유와 존재 사이의 모순에 근거한다.

포이어바흐에 따르면 유신론적인 종교에서 말하는 신은 유한한 인간의 의식이 투사된 것이다. 즉 유한한 인간의 의식이 자연과의 갈등을 극복하기 위해 스스로 절대적인 존재, 즉 신에 대한 의식으로 변형된다. 따라서 인간이 자신의 유한성을 경험하면 할수록 더욱더 그러한 자신의 불완전성을 보충해 주고 치유해 줄 수 있는 강력한 존재 또는 대상을 상상하게 된다. 즉 인간의 삶이 억압을 받을수록 인간의 소망은 극대화되고 보다 나은 삶의 조건들에 대한 갈망은 강해진다. 따라서 이러한 삶의 제약과 한계 그리고 여기에서 생겨나는 소망들이 상상력과 추상작용의 산물인 신에게 살을 입히고 구체화하며 생명력을 부여한다. 여기에서 상상과 실재 사이에서 혼란스러워하는 자연종교와 달리 사변철학에 근거한 기독교는 강력한 상상력의 힘을 받아 종교의 대상을 비가시적인, 비물질적인 추상적 존재로 변형시킨다. 그러나 그에 따르면 이러한 신의 존재는 인간의 마음의 법칙을 실현한 것에 불과하고, 이 과정에서 인간과 자연의 관계가 본질적으로 왜곡되며, 오히려 인간의 자기소외가 발생한다. 또 자연종교에서 기독교로의 이행은 신의 존재를 더욱더 강력하게 만들었다는 점에서 신의 지배영역을 자연뿐만 아니라 초자연적인 세계로까지 확장하는 역할을 하지만, 그러나 여기에서 인간의 소외와 자연의 변형은 더욱더 심해질 뿐이다. 따라서 포이어바흐는『종교의 본질』에서 종교에 의해 왜곡된 인간과 자연의 관계를 회복하여 인간과 자연의 만남을 가능하게 해 주는 진정한 종교의 역할을 우리에게 제시하고자 한다.